लालित्य

भाग १

लेखनाथ पौड्याल

लालित्य - भाग १
लेखनाथ पौड्याल
विधा: कविता सङ्ग्रह

Lalitya - Volume 1 (lālitya - bhāga 1)
by *Lekhnath Paudyal* (lekhanātha pauḍyāla)
Genre: Poetry Collection

Cover design by *Manish Maharjan*
Author picture from *Madan Puraskar Pustakalaya* archive

ISBN: 9789937-9728-4-0

वक्तव्य

मैले जुन मातृभाषाको सेवा गर्ने उत्साह लिएर कलम उठाएथैँ त्यस बखत यो हाम्रो मातृभाषा यति चाँडो यस्तो उच्च स्तरमा पुग्न सक्ला भन्ने कुरोको मलाई कल्पना पनि थिएन । फेरि उस वेला त्यस्ता अड्चनहरू पनि धेरै थिए, उसले भरखरको सिकारू लेखकलाई उत्साहित गराउनाको सट्टा नैराश्य अँध्यारो खाडलमा नै धकेल्थे ।

अहिले यहाँ त्यस वेलाको सामाजिक, राजनैतिक परिस्थितिको उल्लेख गर्नु सर्वथा अनुचित देखिन्छ, तापनि म यतिसम्म त नभनी रहन सक्तिनँ कि त्यो युग अर्कै थियो, व्यवस्था पनि अर्कै थियो, त्यसमा लेखकले मातृभाषाका उपर कलम बढाउँदा तिरस्कार, आक्षेप, खप्की इत्यादि प्रशस्त पाउँथ्यो, तर कतैतिरको कुनै कुनाबाट सहयोग वा प्रोस्साहन पाउनु आकाश-कुसुम जस्तै दुर्लभ थियो ।

किन्तु मैले **'कर्मण्येवाऽधिकारस्ते, मा फलेषु कदाचन'** भन्ने गीताको उक्तिद्वारा प्रेरित भएर भाषा-सहित्य-विकासको मार्गमा पर्न आएका प्रत्येक विघ्नबाधाको सामना गर्दै उत्साहको बत्तीलाई निभ्न नदिई वेला-वेलामा केही रचनाहरू तपाईंहरूका अगाडि उपस्थित गर्दै आएको थिएँ, यो कुरा सबैले जान्नुभएकै छ ।

फेरि त्यस वेला मेरो कलमबाट निस्किएका स-साना फुटकर कविता तपाईंहरूजस्ता सहृदयी पाठक-वर्गको साहित्यिक तृष्णालाई कुनै अंशमा मेट्न सक्लान् भन्ने विश्वास पनि मलाई थिएन । पछि-पछि जब मैले आफूलाई तपाईंहरूबाट प्रोत्साहन पाएँ, अनि मेरो

उत्साह र आत्मविश्वास पल्लवित हुँदै जानु पनि मनुष्य-हृदयका निमित्त स्वाभाविकै कुरो हो ।

त्यसले गर्दा क्रमशः केही न केही लेख्दै आएँ, लेख्दै पनि छु । अहिले धैरैजसो देशबन्धुहरूको अनुरोध-अनुसार अघि वेला-वेलामा लेखिएका र यत्रतत्र छरिएका कविताहरू र केही नयाँ कविताहरूसमेत एकत्रित गरी यो दुई भागमा विभक्त 'कविता-सङ्ग्रह'को रूपमा तपाईंहरूको अगाडि राख्न पाउँदा मलाई ठूलो हर्ष लागेको छ । यो दुई भागमा छुटेका कविताहरू जे जति छन् तिनको पनि तेस्रो भागमा सङ्कन गरी तपाईंहरूको सामुन्ने उपस्थित गर्न सकें भने म आफूलाई सफल परिश्रमी सम्झनेछु । तपाईंहरूबाट यस्तै प्रोत्साहन पाएको पक्षमा म पनि-

"सूक्तीनां प्रतिभानाञ्च मञ्जरीणाञ्च जृम्भितम् ।
नवमेव मनोहारि......"

भन्ने महाकवि क्षेमेन्द्रको उक्ति-अनुसार केही न केही लेखहरूद्वारा मातृभाषाको सेवा र पाठक-वर्गको मनोविनोद गर्नमा सदा तत्पर रहनेछु ।

लेखनाथ पौड्याल

कविता-क्रम

गणेश-स्तुति

१

जय गणनायक ! मेरो
हृदय-कमलमा सदा गरी वास ।
दिनमणिले तमको झैं
गरिदिनुहोस् ! सकल विघ्नको नाश ॥

२

प्रभुको सुर, मुनि सबले
निज निज शुभकर्म-सिद्धिको लागि ।
वन्दित चरण-कमलमा
मन-भुमरो होस् अनन्य अनुरागी ॥

३

ऋद्धि र सिद्धि दुवैले
सेवित, शिव-पार्वती-तपः-सार ।
प्रभुको उद्भव-लीला
सम्झी मन हुन्छ गद्गदाऽऽकार ॥

४

चन्द्र-मुकुटमा, गालामा-
दूर्वा-माला, कपोलमा भुमरा ।
तुन्दिल मङ्गलमूर्ति
प्रभु स्मरणै छ शान्तिको छहरा ॥

५

सिन्दूर-तिलक धारी
वसन्त-बालाऽर्क झैं अरुण ।
सदय वराऽभय-पाणि
प्रभुको गर्छू झुकी सदा स्मरण ॥

++

सरस्वती-स्मृति

१

मिहीं प्राणै वीणा, मन मृदु नखी, कम्प कलना,
गरी लाखौं झिक्ती स्वर-मधुरिमा स्मेरवदना ।
रसीलो फक्रेको हृदय-कमलै आसन गरी
बसेकी वाग्देवी क्षणभर नबिर्सूं जुनिभरि ॥

२

सफा वर्णाऽऽकार स्फटिकमय मालाकन धरी
जगत्मा तद्द्वारा व्यवहृति-कला शीतल गरी ।
सदा भर्दै हाम्रो हृदयबिच आलोक-लहरी
बसेकी वाग्देवी क्षणभर नबिर्सूं जुनिभरि ॥

३

सुनेको, देखेको, अनुभव गरेको जति कुरा
कुनै आधा मात्रातक पनि नछोडी सब पुरा ।
छपाई राखेको स्मृतिमय महापुस्तक धरी
बसेकी वाग्देवी क्षणभर नबिर्सूं जुनिभरि ॥

४

यही हाम्रो भित्री हृदयमय गम्भीर सरमा
डुबी उत्री खेल्दो, चपल, चटकी हंसवरमा ।
चढी लीला-साथै भुवनमहिमा जीवित गरी
बसेकी वाग्देवी क्षणभर नबिर्सूँ जुनिभरि ॥

५

जगद्व्यापी मेरो अति मधुर यो जीवन-कला
बुझ्यो जस्ले उस्को कसरि भय अज्ञान रहला ।
भनी सामुन्नेमा वर अभय मुद्राकन धरी
बसेकी वाग्देवी क्षणभर नबिर्सूँ जुनिभरि ॥

++

बाल राम

१

हेर्दा साह्रै उज्यालो, सजल जलदझैं शामलो शान्तिकारी
आनन्दी, बाललीला-ललितरुचि, मनोमोहनी-मूर्तिधारी ।
कौशल्याका गलाको सरस चहकिलो दिव्य माला-समान
सौभाग्य-ज्योति जस्तो सब रघुकुलको शक्ति-शोभा-निधान ॥

२

मानूँ घन्कीरहेको दशरथ नृपको हर्ष-सङ्गीत-सार
पृथ्वीको भार हर्ने विषयमय महानाट्यको सूत्रधार ।
कस्तो कस्तो हँसीलो, सुरमुनि सबको दुःख-विश्रान्ति-धाम
प्यारो माङ्गल्यमूर्ति क्षणभर नभुलूँ चित्तले 'बाल राम' ॥

✦✦

शेषशायी विष्णु

१

कस्तो क्षीरसमुद्र हो ? कुन तहाँ शय्या बन्यो शेषको ?
क्या हो नाभिसरोज खास, जसमा लीला छ लोकेशको ?
कस्मा लक्ष्य छ शङ्ख चक्र दुईको ? के हो गदा-गौरव ?
केको सूचन गर्छ पङ्कज? तथा त्यो झल्कँदो कौस्तुभ ?

२

लक्ष्मीको कुन लक्ष्य हो ? गरूडको के रूप हो वास्तव ?
त्यो पीताऽम्बरको रहस्य कुन हो ? जानी बुझी यो सब ।
विश्व-व्यापक विष्णुको म गरूँला आराधना क्यै भनी
डुब्दा तर्क-वितर्कका जलधिमा सारा बित्यो जीवनी ॥

++

शिव-समाधि

१

कैलासोपत्यकाको स्फटिकमय महावेदिमा बाघछाला
बिच्छ्याई, बाँधि पद्माऽऽसन, सब मनका वृत्तिमा गुप्त ताला-
कस्तै, सुस्तै जमाई क्रमसित उरमा बन्ध त्यो उड्डियान
निःश्वासोच्छ्वास रोकी, तन अचल गरी शैलशृङ्गै समान ॥

२

विश्वव्यापी उज्यालो हृदय-कुहरको केन्द्रमा चेत्त्य चित्त
एकै पारी मिलाई, चिति-जलनिधिमा भै स्वयं एकछत्त ।
पूर्णाऽऽनन्द-प्रकाश-स्थित शिव भगवान् भक्तिको वश्य जानी
गौरी झैं भक्ति गर्ला जुन जन, उसको जन्म हो भाग्यमानी ॥

++

सूर्य-महिमा

१

जय जगदीश्वर ! मङ्गलकारी !
    जय जय दिनकर ! कल्मषहारी !
उज्ज्वल प्रभुको मण्डल-भित्र ।
    पूर्ण छ जीवन-शक्ति पवित्र ॥

२

प्रभुको झलमल किरणाऽऽलोक
    पाइ चराऽचर यो सब लोक ।
जीवन-जागृति-रमिता गर्छ
    त्यो यदि नमिलोस् पलमा मर्छ ॥

३

सप्त ग्रह छन् घोडा, काल-
    फनफन घुम्दो चक्र विशाल ।
नित्य सुवर्णद्युतिमय रथमा
    यात्रा प्रभु अम्बरपथमा ॥

४

रङ्ग बदल्दै दुनियाँभरको
दिन, ऋतु, महिना, संवत्सरको ।
चक्र निरन्तर प्रभुका भरमा
घुम्दछ फनफन दुर्गम सुरमा ॥

५

ऋषि, मुनि, हाम्रा ऋक्, यजु, साम
वेदत्रयको उज्ज्वल धाम ।
प्रभुकन जानी साँझबिहान
निश्चल गर्छन् घटमा ध्यान ॥

६

नीलो नभोमय सरमा भारी
राजहंसको लीला धारी ।
खेलिरहेको जुग-जुग-सम्म
प्रभुको महिमा अगम अचम्म ॥

७

सृष्टि-स्थिति-लय-लीलाकारी
ब्रह्मा, विष्णु त्रिपुरसंहारी ।
तीन देवको चित्र चरित्र
गुप्त छ प्रभुकै महिमा-भित्र ॥

८

धपधप बल्दो गोलाऽऽकार
प्रभुको मण्डल पारावार ।
जसका लाखन रश्मि-तरङ्ग
सबतिर छर्छन् अद्‌भुत रङ्ग ॥

९

प्रभुको मण्डल ज्योतिष्कोश
पर्दछ टाढा लाखन कोस ।
तैपनि हामी ज्योतिर्धारा-
सम्पति भोग्छौं घर घर सारा ॥

१०

धमिलो भ्रम वा तम पर सारी
जीव-जगत्को नजर उघारी ।
गरने सब यो विश्व-विकास
प्रभु नभए को लेला सास ?

११

प्रभु-विन न त यो चल्दछ सृष्टि
खुल्दछ न त यो चेतनदृष्टि ।
अब कुन अर्को ईश्वर जानी
उसको म बनूँ भक्त ज्ञानी ॥

++

श्रीकृष्ण-भक्तिको रहस्य

१

खोजी गैह्र कुना कुना धरणिका, छामी सबै सागर
फारी दुस्तर वायुमण्डल, बुझी आकाशको अन्तर ।
ज्योतिश्चक्र पनी घुमी फनफनी, लाचार भै आखिर
पत्ता क्यै नमिली गली विरहले राम्रै झुकाई शिर ।।

२

हे श्रीकृष्ण ! अनाथनाथ ! भगवन् ! प्यारा कहाँ छौ भनी
भित्री व्याकुल भावले जब तिमी मूर्छा परौला अनि ।
बोलेथ्यौ जुन ठामबाट पहिले तत्काल त्यै ठाममा
देख्नेछौ झलमल्ल दिव्य भगवान् साक्षात् स्वयं-धाममा ।।

++

शिव-पञ्चाशिका

१

जय शङ्कर ! चन्द्रशेखर !
　　जय शम्भो ! भगवन् ! महेश्वर !
प्रभुको महिमा विचित्र छ
　　जसमा यो सब सृष्टि-चित्र छ ।

२

भगवन् ! भवभीति-भञ्जन
　　जगदीशान ! दयानिकेतन !
प्रभु चिन्मय पूर्ण सागर
　　भव-सत्ता लहरी-बराबर ॥

३

अथवा नभमा थरी थरी
　　स्फुरणा वा परिपञ्च-माधुरी ।
जुन फुर्दछ नाथ ! त्यो सब
　　प्रभुको हो प्रिय ताण्डवोत्सव ॥

४

प्रभुकै उस नृत्यमा फसी
रवि, तारा, ग्रह, मेदिनी, शशी ।
गगनाऽऽत्मक रङ्गमञ्चमा
सब नाच्छन् विविध प्रपञ्चमा ॥

५

चतुराऽऽनन, विष्णु, वासव,
यम यक्षाऽऽदिक देवता सब ।
प्रभुको उस नृत्य-रङ्गमा
सब छन् मस्त बडो उमङ्गमा ॥

६

नभमा नटराज ! शोभन
जब मिल्किन्छ ठुलो गजाजिन ।
प्रभुको अनि चल्छ ताण्डव
सब भन्छन् तर त्यो कहाँ ? कब ?

७

कुन त्यो विभुको गजाजिन
किन याँकिन्छ र हुन्छ नर्तन ।
अति गूढ रहस्य नाथको
गति पुग्थ्यो कसरी अनाथको ?

८

प्रभुको जुन विश्वरूप हो
उसको गैह्र निरूपणा अहो !!
विधिले तक गर्न सम्झन
कठिनै पर्दछ भूतभावन !

९

श्रुतिशास्त्र सबै थरी थरी
तरिकाबाट विवेचना गरी ।
नमिली उस रूपको पता
कहँदै छन् प्रभुको अनन्तता ॥

१०

शरणाऽऽगत छू, अनन्तमा
डुबनेछैन समर्थता ममा ।
मनमाफिक गर्दछु स्तुति
अरु जस्तै भगवन् ! यथामति ॥

११

चितिशक्तिमयी महेश्वरी
प्रणयाऽऽलिङ्गन-रङ्गमा परी ।
प्रभुमा समभाव धर्दछिन्
परमाऽऽनन्द-विहार गर्दछिन् ॥

१२

तपको र विवाहको कथा
उस अर्धाऽसनको मिठो कथा ।
परमेश्वर ! धन्य मान्दछु
तर त्यो रूपक-रूप ठान्दछु ॥

१३

ससुरा गिरिराज सुन्दर
गिरिराजै छ निवास-मन्दिर !!
गिरिजा गृहिणी, गिरीशकी
यसमा नाथ ! रहस्य क्यै छ कि ?

१४

भुवनै प्रलयाऽऽग्निमा परी
डढदा भस्म बनेर बेसरी ।
प्रभु शून्य मशानमा बसी-
रहने दुर्धर भस्म त्यो घसी ॥

१५

उस घोर मशान-वासको
उस एकाम्मय अट्टहासको ।
महिमा उहि जान्न सक्तछ
प्रभुमा जो लवलीन भक्त छ ॥

१६

परमेश्वर भूतिभूषण !
उस वेला कुन भूतको गण ।
प्रभुका सँगमा रमाउँछ
मन यस्मा अति चक्कराउँछ ॥

१७

लय-साथ रहन्छ सिर्जना
लय छोडी कुन सृष्टि-कल्पना ?
लय-कारण गूढ तत्त्व छ
शिव ! जस्मा प्रभुको शिवत्व छ ॥

१८

अरुमा वृष चढ्छ भीषण
प्रभुको त्यो वृषमा नियन्त्रण ।
वृषवाहन ! दिव्य यो कला
नबुझी को भयबाट उम्कला ?॥

१९

वृष बादल हो कि ? धर्म हो ?
बयलै हो कि ? विशिष्ट कर्म हो ?
नबुझी सब तारतम्य यो
वय मेरो बहँदै बिदा भयो ।

२०

झलमल्ल सुमेरुको उता
उस कैलास गिरीन्द्रको पता ।
जुन धीर यथार्थ पाउला
उसलाई कुन कष्ट आउला ॥

२१

जगदीश ! सुमेरु त्यो कहाँ ?
फिर कैलास दुरन्त त्यो कहाँ ?
अलमल्ल सबै अहो ! किन ?
कब होला झलमल्ल जीवन ?

२२

मनको भुमरो हलुङ्कसी
प्रभुका पादसरोजमा पसी ।
पिउँदै मकरन्द मस्त भै
कहिले प्यास बुझाउला सबै ?

२३

पद-पङ्कजकै रजःकण
प्रभुका प्राप्त भयो र रावण ।
त्रिजगद्विजयी पनी भए
प्रभुकै पार्षद मुख्य मानिए ॥

२४

सनकाऽऽदि महर्षि नाथको
　　गुणगाथा दृढ भक्ति-साथको ।
लवलीन भएर गाउँदै
　　घुमदै छन् कृतकृत्यता लिँदै ॥

२५

नखदेखि अहो !! शिखातक
　　प्रभुको भेष र भूषणाऽऽदिक ।
जगदीश ! छ विश्ववन्दित
　　सब लोकोत्तर सारगर्भित ॥

२६

भय-भावक-भाव-भासुर
　　प्रभुका कम्मरको बगम्बर ।
परमेश्वर ! गर्छ पावन
　　उस मायापटको निदर्शन ॥

२७

दुइ बाहुलिको दयामय !
　　दुइ मुद्रा प्रभुको वराऽभय ।
शरणाऽऽगत भक्त-खातिर
　　अविनाशी सुखकान्ति-निर्झर ॥

२८

भयभञ्जन ! त्यो त्रिशूलको
बुझने वास्तव गूढ मूल को ?
जसमा फुलको थुँगासरि
लयमा अड्दछ 'काशिका'-पुरी ॥

२९

करमा जुन त्यो कपाल छ
उसमा तत्त्व कुनै विशाल छ ।
त्यहिँ पो छ कि भाग्यजालको
लिपि-माला सबका कपालको ?

३०

हरमा हर ! काममर्दन !
जुन त्यो हुन्छ विभूति-मर्दन ।
उसमा प्रभुको असङ्गता-
समताको महिमा जताතता ॥

३१

विकराल भुजङ्ग फन्फनी
विषले नील गलाविषे पनि ।
किन नाथ ! लपेटनूभयो
बुझने को अति गूढ तत्त्व यो ?

३२

अहहा ! विषपानको कथा
मनमा भर्दछ संशय-व्यथा ।
अरुका श्रमको सुधा फल
प्रभुलाई किन त्यो हलाहल ?

३३

अथवा अरुका निमित्तमा
विष-बाधा पनि भित्र चित्तमा ।
तृणतुल्य गनोस् भनीकन
दिनुभो नाथ ! ठुलो निदर्शन ॥

३४

भुवनै दहने कडा विष
वशमा भो कुन धारणा-वश ।
शितिकण्ठ ! निगूढ यो कला
कहिले बालक भक्त सम्झला ॥

३५

वदन-द्युति विश्वमोहिनी
स्मितले विस्मित गर्छ चाँदनी ।
उसभित्र जती डुबे पनि
मन फिर्दैन कसै पुग्यो भनी ॥

३६

नयन प्रभुका ललाटको
    स्मरको कारण बिल्लिबाठको ।
नचिह्नी अरु योग-साधना
    जगदीशान ! सबै विडम्बना ॥

३७

शशिशेखर ! नाथ ! नाथको
    जुन अर्धेन्दु-कला छ माथको ।
उसको सुषमा सुधामय
    सबमा भर्दछ जीवनोदय ॥

३८

नयनऽग्नि-शिखा छ त्यो तल
    उसमाथी शशिखण्ड शीतल ।
दुइ तत्त्व विरुद्ध हुन्, तर
    अविरोधी प्रभुमा परस्पर ॥

३९

त्यसरी शिरमा विलक्षण-
    स्थितिमा अग्नि र सोम धारण ।
गरने जुन शक्ति सत्त्व हो
    प्रभुको त्यै त महेश्वरत्व हो ॥

४०

जसका द्युतिको अगिल्तिर
शरमाएर झुकाउँदै शिर ।
जगदीश्वर ! वैद्युती छटा
धमिलो बन्दछ धन्य त्यो जटा ॥

४१

स्फुरणास्फुटता अथाह त्यो
अथवा दिव्य जटा-कटाह त्यो ।
गमको छ गिरीश ! दुर्गम
गमभन्दा बढिया नमो नमः ॥

४२

मुकुटाऽकृति त्यै जटामहाँ
फिर गङ्गा जननी कहाँ कहाँ ।
बहँदी जगदेकमङ्गला
हर ! गङ्गाधर ! धन्य त्यो कला ॥

४३

जगदीश ! जटा र जाह्नवी
दुइको दिव्य दुरन्त त्यो छवि ।
दिलमा झलमल्ल भो जब
अनि यो विश्व सबै शिवै-शिव ॥

४४

डिमि डिम् डिमि डिम् गरीकन
    मुटुको धड्कन भित्र पावन ।
डमरु प्रभुको बज्यो जब
    अनि शम्भो ! सब यो शिवै-शिव ॥

४५

त्रिगुणाऽऽत्मक चित्त हो सब
    तिनपत्रे प्रिय विल्व वास्तव ।
प्रभुको पदमा खुशीसित
    शिव ! गर्छू अब यो समर्पित ॥

४६

जय विश्वविकास-कारक !
    जय मृत्युञ्जय ! मृत्युवारक !
मनमा नरहोस् दयामय !
    अब मेरो जनि-मृत्युको भय ॥

४७

दिलबाट अनाथ दासको
    भय मृत्युञ्जय ! मृत्यु-पाशको ।
नहरी प्रभुको कहाँ ? कव ?
    कुन मृत्युञ्जय नाम-गौरव ॥

४८

त्रिपुराऽऽन्तक ! नाम नाथको
      त्रिपुरै बन्धन यो अनाथको ।
भगवन् ! किन यो नतोडने
      प्रभुकै भक्त म बद्ध छू भने ॥

४९

ममतामय भङ्ग यो घना
      धतुरो मुख्य नाश 'अहम्' पना ।
उपहार दुवै खडा गरैं
      जगदीशान ! म पाउमा परैं ॥

५०

जय नाथ ! शरण्य ! शङ्कर !
      जय शम्भो ! शिव ! चन्द्रशेखर !
शरणाऽऽगत 'लेखनाथ' को
      प्रभु-बाहेक कहाँ छ नाथ को ?

इति शिवपञ्चाशिका समाप्त

++

श्री दुर्गा

१

जस्को हर्दम् खडा छन् अगलबगलमा सेविका दिव्य कन्या
पक्री तर्बार-खेट-द्वय दुइ करले, शौर्य-सौन्दर्य-धन्या ।
त्यस्ती, सौदामिनी झैं रुचिर-रुचि, ठुलो सिंहमाथी चढेकी
साक्षात् अग्नि-स्वरूपा, विमल मुकुटमा चन्द्ररेखा जडेकी ॥

२

आठोटा बाहुलीमा नियम-सित सदा शङ्ख-चक्राऽऽदि धर्दी
आकारैले विरोधी शठ रिपुकुलमा भीति-सञ्चार गर्दी ।
दुर्गा देवी त्रिनेत्रा त्रिभुवन जननीबाट कल्याण-धारा
वर्षोस् भन्दै झुकाई शिर, पदयुगमा नित्य गर्छू पुकारा ॥

++

महाकाली

१

दन्केको त्यो श्मशानाऽनल-नगिच महारौद्र अट्टाऽट्टहास
गर्दै भर्दै त्यसैले गगन-कुहर वा शून्य विश्वाऽवकाश ।
उत्तानू भै लडेको अचल उस महाकालको छातिमाथि
कुल्ची सारा समेटी नियतिमय कुनै कोषमा जीव-जाति ॥

२

लम्बा जिभ्रो पसारी वर, अभय तथा कर्तरी, मुण्ड धारी
झप्पे झाँक्रो फिँजारी, कटिबिच रसना पाँसुलाको लतारी ।
घाँटीमा मुण्डमाला, श्रवणयुगलमा कुण्डलाऽऽकार मुर्दा
पैह्री नाचीरहेकी स्मरण गर महाकालिका कष्ट पर्दा ॥

✦✦

शरशय्यामा लडेका भीष्मपितामहले गरेको श्रीकृष्ण-स्तुति (अनुवाद)

१

अब मति सब यो वितृष्ण गर्छु
विभु भगवान् यदुनाथमा म धर्छु ।
प्रकृतिसित हुँदा कुनै विहार-
जुन विभुको सब सृष्टि भो तयार ॥

२

रवि-कर सरि गौर वस्त्रधारी
त्रिभुवन-मोहन, शामलो तयारी ।
मुख पनि अलकाऽऽवली खुलेको
नरहरिमा मन होस सधैं भुलेको ॥

३

मुख सब रण-रङ्गमा उडेको
रज पसिनामय केशले खुलेको ।
कवच-बिच मदीय बाण खास
गडि अति घायल कृष्णको म दास ॥

४

रथ लगि दुइ सैन्य बीच पारी
सुनि सब अर्जुनका कुरा विचारी ।
रिपुतिर दिइ नेत्र, आयु उन्को
सब हरने हरिमा छ भाव मन्को ॥

५

बुझि रिपुदल बन्धुले भरेको
वध नगरूँ भनि पापमा डरेको ।
विजयकन बताइ तत्त्व सारा
भ्रम हरने हरिको पर्दै सहारा ॥

६

निज कबुल भुली कबूल मेरै
सफल गरी रथ छोडि उत्तिखेरै ।
गजतिर हरि झैं मतर्फ बढ्दो
कर-बिच चक्र छ, वस्त्र हर्र उड्दो ॥

७

शित शर छुटि घातकी मबाट
कवच फुटि चुहि रक्त अङ्गबाट
उसरि मकन मार्नमा सतृष्ण
शरण खडा हुनुहुन्छ नाथ कृष्ण ॥

८

सितहय रथ-सारथि प्रधान
भइ लिइ चाबुक वाग शोभमान ।
हरिबिच रति होस् म मर्छु, भक्त-
जुन हरि हेरि मरी भए विमुक्त ॥

९

मधुर गति, विलास, हास, केलि,
प्रणय-विलोकन पाइ मस्त खेली ।
गरि अनुकरणै मदाऽन्ध सारा
ब्रजरमणी जसमा मिले पियारा ॥

१०

गरि मुनि-नृप-वर्गले विशेष-
खचित युधिष्ठिर-यज्ञमा प्रवेश ।
खुशिसित अधिबाट पूज्यमान
प्रकट यहीं भगवान् विराजमान ॥

११

रचिकन सब जीव ई यथेष्ट
घट-घटमा रवि झैं स्वयं प्रविष्ट ।
यदुपति विभुमा म हुन्छु लीन
भइ भय भेद र मोहले विहीन ॥

✦✦

राधा-कृष्ण

१

उपर कदमछाया, पासमा कामधेनु
प्रणयसित लिएको हातमा दिव्य वेणु ।
मधुर युगल राधाकृष्णको मूर्ति खास
विषय-विकल मेरो चित्तमा होस् प्रकाश ॥

++

काल–महिमा

१

भाका, भूल, दया, क्षमा र ममता, सन्तोष जान्दैन त्यो
इन्द्रै बिन्ति गरून् झुकेर पदमा, त्यो बिन्ति मान्दैन त्यो ।
थुप्रोमा उधिनी मिठो र नमिठो छुट्ट्याइ छान्दैन त्यो
खाता जाँचि सबै दुरूस्त नबुझी बिर्सेर हान्दैन त्यो ॥

२

राजा रङ्क सबै समान उसका, वैषम्य गर्दैन त्यो
आयो, टप्प टिप्यो, लग्यो, मिति पुग्यो, टारेर टर्दैन त्यो ।
लाखौं औषधि, अस्त्र-शस्त्र-महिमा देखेर डर्दैन त्यो
व्याधा-तुल्य लुकेर चल्दछ सदा, मारेर मर्दैन त्यो ॥

३

आँसूको दहमा नुहाउँछ चिसो पानी स्ख्वाउन्न त्यो
सुक्खा जर्जर अस्थिपञ्जर-विना शय्या बनाउन्न त्यो ।
मैलो भस्म-सिवाय अङ्गभरमा केही लगाउन्न त्यो
हाहाकार सरी मिठो अरु कुनै सङ्गीत गाउन्न त्यो ॥

४

जो जो मिल्छ सुलुक्क निल्छ, मुखमा हाली चपाउन्न त्यो
थाल्यो च्वाम्म सबै चपाउन भने आहार पाउन्न त्यो ।
जत्ती निल्छ उती उकेल्दछ पनी, केही पचाउन्न त्यो
यै चालासित कल्प-कल्प कहिल्यै खाई अघाउन्न त्यो ॥

++

मुरली-मोह

गाना

धन्य अहा ! त्यो कृष्णको मुरली ।
रननन रननन रन्कन लाग्यो कति राम्रो सुर ली ॥

इन्द्रिय ! सब पस कर्ण-विवरण, कर्ण ! बिला त्यो मुरली-सुरमा
मुरलीसुर आ हृदयाऽम्बरमा कत्ति पनि नगली ॥

जलचर नभचर सब चुप लाग, तृण तरु लहरा कर्ण-पुट माग ।
जड पत्थर पनि जडता त्याग, सुनीरहू है नचली ॥

बिन्ति छ बादल ! पर जा, पर जा, चँद्रनि ! तँ पनि अलिछिन घर जा ।
मारुत ! सिरिसिरि पल्लव नबजा मुटुमा घुस्यो बिजुली ॥

यमुना ! यमुना ! तिमी पनि आऊ, बस भुमरीमय कान झुकाऊ ।
'लेख' हृदय-बिच त्यो सुर भाऊ, अगम मधुर सकली ॥

++

दशैं

गजल

हट्यो सारा हिलो-मैलो हरायो पानिको वर्षा,
भवानीको भयो पूजा, चल्यो साऽऽनन्दको वर्षा ॥

जता जाऊ उतै भन्छन् दशैं आयो ! दशैं आयो !
यही आनन्द-चर्चाले सबै सङ्कष्ट बिर्सायो ॥

ठुला साना सबैलाई दशैं अत्यन्त राम्रो छ,
चलेको चाडमा ज्यादा यही उत्कृष्ट हाम्रो छ ॥

गरी दुर्गाऽऽर्चना भारी प्रसाद प्रेमले धारी,
ठुला साना सबै रैती बने साऽऽनन्द शृङ्गारी ॥

सबै राम्रा, सबै ठाँटी, सबै नाना तमासामा,
सबैका माथमा जौका पहेँला आँकुरा लामा ॥

सबै अत्यन्त आनन्दी सबै छन् पीङमा दङ्ग,
सबैको देखिँदै आयो उज्यालो चेहरा रङ्ग ॥

विजेता आर्यको यो हो पुरानू कीर्तिको स्तम्भ,
[1]खडा राखीदिए दुर्गे ! जगन्माता ! पछीसम्म ॥

✦✦

---

१. यो कविता नेपाली भाषा प्रकाशिनी समितिको पहिलो पुस्तकका लागि लेखिएको हो ।

तिहार

१

सुखमय पारी सब संसार
    आयो रसिलो चाड तिहार ।
बन्दछ मानू सबको काम
    खुसी छन् राजा रैति तमाम ॥

२

अन्न छ सबका घर घर पूर्ण
    छैन कसैको पेट अपूर्ण ।
काग र डुलुवा कुत्तासम्म
    भत नहेर्ने यो छ अचम्म ॥

३

घर घर सबका भाँती भाँती
    झकमक बल्छन् दीपक-ताँती ।
झिलिमिलि झिलिमिलि वारी पारी
    यो छ मजाको रमिता भारी ॥

४

जय जय लक्ष्मी ! आऊ आऊ

स्थिर गर हाम्रा घरमा पाउ ।

भन्दै हिन्दू सब नर नारी

गर्छन् पूजा भवन सिँगारी ॥

५

खेती-पाती पूर्ण तयारी

ढकमक फुलले ती फुलबारी ।

हँसिलो मुखका सब नर नारी

सबतिर लक्ष्मी-पूजा भारी ॥

६

वर पर सबका दाज्यूभाइ

बटुलिन थाले टीका लाई ।

हिंड सब जाऔँ बहिनीबाट

पहिरौँ टीका पारौँ ठाँट ॥

७

सब सिद्धयाई टीकाटाला

पहिरि गलामा लामा माला ।

चिजबिज खाऔँ, चाड मनाऔँ

बेर नलाऔँ, जाऔँ जाऔँ ॥

++

श्रीकृष्ण-लीलाको सानू किरण

(सुदामालाई अङ्कमाल गरी कनिकाको पोको पक्रेर प्रेमरसमा डुबेको श्रीकृष्णतर्फ हेरी)

रूक्मिणी- (आश्चर्यचकित भावले) उहाँ को ?

श्रीकृष्ण- (प्रेमविह्वल भएर) प्रेमी

रूक्मिणी- (पोको देखाएर) त्यो कुन गठरि ?

श्रीकृष्ण- (सत्यभावले) सौगात गह्रुँका

रूक्मिणी- (चाख मानेर) म हेरूँ (हात पसार्छिन्)

श्रीकृष्ण- (नाक खुम्च्याई) के चिन्छ्यौ ?

रूक्मिणी- (क्यै खायसी भावले) तदपि

श्रीकृष्ण- (जबर्जस्ती कनिका झिकी देखाएर) तिमी खान्छ्यौ र कनिका ?

रूक्मिणी- (मुख हेरेर) छि है, त्यस्तो खाने कसरी ?

श्रीकृष्ण- (फाँको हाली चपाउँदै) यसरी गद्‌गद बनी

रूक्मिणी- (घृणाको भावले) मयाँ लाग्ला

श्रीकृष्ण- (प्रेमसित अर्को फाँको हालेर) लागोस्

रूक्मिणी- (कौतुक भावले) म पनि (हात पसार्छिन्)

श्रीकृष्ण- (शिर हल्लाएर) नदिने

रूक्मिणी- (जबर्जस्तीसित) दिन्नँ म पनि (हात समात्छिन्)

उहाँ को ? प्रेमी, त्यो कुन गठरि ? सौगात गर्छुँका,
म हेरूँ ? के चिन्छ्यौ ? तदपि ? तिमि खान्छ्यौ र कनिका ?
छि है, त्यस्तो खाने कसरि ? यसरी गद्‌गद बनी
मयाँ लाग्ला ? लागोस्, म पनि, नदिने, दिन्नँ म पनि ॥

++

जीवन-चङ्गा

१

कछुवाले अङ्ग सरी खुम्च्याई बाह्य वृत्तिका तार ।
भित्र अलिकति हेर्दा अर्कै रसिलो चमत्कार ।।

२

दुर्गम भै उर्लेकी तलतिर समतुल्य मोहकी गङ्गा ।
फरफर गर्छ उपर यो जीवनमय पातलो चङ्गा ।।

३

ममता-सहित अहन्ता ग्रन्थि परेका बडा रम्य ।
सुख दुखका कका छन् खूब मिलेका दुवै टम्म ।।

४

मनमय घुम्छ लटाई फनफन फन्का पला पला मारी ।
अतिशय दुर्लभ तर त्यो रसिक लटाई लिने चमत्कारी ।।

५

सङ्कल्पको छ धागो छुटी-रहेको लगातार ।
गर्दछ जसका भरमा जीवन-चङ्गा विचित्र सञ्चार ॥

६

त्यो मसिनो धागो खिरिलोपन ल्याउने ताजा ।
घसिएको बहुत सफा विवेक बल बुद्धिको माजा ॥

७

चङ्गाको मुखचाहीँ प्रवृत्तिमय रङ्गले लाल ।
अलिअलि कालो आशा-पुच्छर, उसको छ चल्बले चाला ॥

८

वैषम्य भै ककामा अलिकति गतिमा घुस्यो भने दोष ।
ग्वाँक मिलाउनलाई संयम, सुविचार, शान्ति सन्तोष ॥

९

यस्तो अद्भुत चङ्गा तयार पारी बडो चमत्कारी ।
नभमा कौतुक गर्ने कुन होला धीर अविकारी ?

१०

जति जति गडेर हेर्छु यस चङ्गाको विचित्र सञ्चार ।
उति उति शून्य गगनमा विलीन हुन्छू, नदेखदा पार ॥

११

कहिले नीलो दहमा सफरी माछो सरी भारी ।
लीला गर्छ गगनमा चक्कर लाखौं थरी मारी ॥

१२

कहिले प्रेमहवामा सररर अक्काशिँदै जान्छ ।
कहिले फरक्क फरकी तल-तल कौँठीपनी खान्छ ॥

१३

कहिले भुजङ्ग जस्तै सुलुसुलु बग्दै बटारिन्छ ।
कहिले विधिवश बिचमा अरुअरुसँग बेसरी लटारिन्छ ॥

१४

कहिले पुगेर माथि सोझै बहँदै शनैः शनैः सल्ल ।
निश्चल टक्कर मारी अडिन्छ बउँडाइ-बोहरी-तुल्य ॥

१५

जलचर नभचर सबका सुन्दर लाखौँ थरी चाल ।
देखिन्छन् यहिं हाम्रो जीवन-चङ्गाविषे सदाकाल ॥

१६

अक्काशिएर ज्यादा माथी जाँदा हराउने भय छ ।
तल गङ्गा-लहरीले लपक्क पार्ने बिछट्ट संशय छ ॥

१७

शीतल सरसर बहने बीच गगनको सफा हावा ।
जति पायो उति यसले खान्छ गजब चालले कावा ॥

१८

कहिलेदेखि उडेथ्यो ? अब उडने हो कति बेर ?
आखिर चङ्गा ठहऱ्यो चुँडिनालाई छ के बेर ?

१९

जति दिन यो उडने हो उति दिन उडन्यै छ बीचमा नअडी ।
तर त्यो देखिनुपरने अद्‌भुत चङ्गा उडाउने लहडी ॥

२०

जय जगदीश्वर ! देखेँ विश्वव्यापी प्रकाश त्यो खास ।
सूक्ष्म लटाईभित्र रहेछ प्रभुको निवास वा भास ॥

++

कवि-कविताऽऽलाप

(१९६७ सालमा लेखिएको र ६९ सालमा निर्णयसागर प्रेसमा प्रकाशित)

१

कवि-

भगवति ! कविते ! देवी ! जुग-जुग तिम्रो म हूँ सदासेवी ।
बाहिर निस्कन आज, किन मानेको बडो लाज ?

२

कविता-

रसिला गुणिजन हेरी हालि अँगालो गलाविषे फेरि ।
रञ्जन पारि समाज डुली-रहेकी मलाई के लाज ?

३

कवि-

तिमी भनि अरु सब बात छोडि बिताएँ बसी बसी रात ।
तैपनि करुणा गरिनौ कसूर के देखि सामुमा परिनौ ?

४

कविता-

गर तिमी आफनू काम, नलेउ बाबू ! कसूरको नाम !
मेरै कर्म अभागी बुझेर दबिएँ कुना लागी ।।

५

कवि-

जसका वश परि सुकृति, कहलाए व्यास, वाल्मीकि प्रभृति ।
मम-मनमा धैर्य धरी उही तिमी छौ अभागिनी कसरी ?

६

कविता-

शक्तिन बाबू ! सहन अब अरु केही कुरा नभन ।
चरचरि चिरिन्छ छाती वाल्मीकि, व्यास सम्झँदामा ती ।।

७

कवि-

तिमी छौ रसरङ्गवती भनेर डाकेँ गरी ठुलो विनति ।
उल्टा आँसु खसाली किन रुन लाग्यौ धुरूधुरूखालि ।।

८

कविता-

व्यासाऽऽदिक सत्कविले छोडि मलाई बिदा भए जहिले ।
उस दिनदेखि छु नङ्गी, छैन कुनै रङ्गिचङ्गिको भङ्गी ।।

९

कवि–

जाऊन् वृद्ध व्यास-प्रभृतिको तिम्रो भयो र के नाश ?
अझ पनि सत्कवि हामी खडा छँदै छौं बडा नामी ॥

१०

कविता–

शिव ! शिव ! बज्रसरी शरीरभेदी कुरा सुनौं कसरी ?
अब चुप चुप बाबू ! गऱ्यो मलाई अभाग्यले काबू ॥

११

कवि–

तिमि भनि म गर्छु मान तिमी अझ थुन्छ्यौ स्वयं वृथा कान ।
हुन आयो कुन हेतु ? रहेछ तिम्रो कहाँ केतु ?

१२

कविता–

तिमी जस्ता बनि कविजी गर्दछु कविता भनेर पत्र फिंजी ।
लाग्नू यो केहि दशा, नबिग्रि हुन्थ्यो कहाँ सहसा ?

१३

कवि–

मनकन बेसरि पोली, नबोल अति पेचिलो रूखा बोली ।
चिह्निनौ कत्ति मलाई, जान तिमी व्यासको भाइ ॥

१४

कविता-

आफनु शक्ति नजानी नबने अबदेखि 'पण्डितम्मानी' ।
कुर बरु धनिका ढोका, मिल्छन् पछि दानको पोका ॥

१५

कवि-

प्रतिभा पूर्ण छ मेरी लेखि लगाएँ किताबको ढेरी ।
यस्तो सत्कवि सुजन, जान्छु र ढोकाविषे म किन ?

१६

कविता-

अक्षर अक्षर भाँची कनिकुथि गरि खालि छन्दमा नाची ।
प्रतिभा नभए कसरी लेखनु कन्था अगाडि सरी ॥

१७

कवि-

लेखनशैली मेरो प्रसादगुण-शालिनी हेरी ।
बालक पनि छन् दङ्ग थियो कि यो व्यासमा ढङ्ग ?

१८

कविता-

खतिदिनु दिन दिन कन्था-ग्रामीण भ्रष्ट बोलिको पन्था ।
बुझ्दछ पल्टन सारा, चल्दछ अनि बिक्रिको धारा ॥

१९

कवि-

अपठित जङ्गलिलाई सम्झन सजिलो किताब फैलाई ।
हुनुपरने यश मात्र, किन अपयशको भएँ पात्र ?

२०

कविता-

छेउ न टुप्पो पारी कविता-सौन्दर्य बेसरी मारी ।
गरि उत्था खालि कथा, नभने कवि हूँ भनेर वृथा ॥

२१

कवि-

गरूँला उन्नति भारी तिमिकन सर्वाङ्ग-सुन्दरी पारी ।
भन्ने यो अभिलाषा पेचि कुराले भयो नाश ॥

२२

कविता-

स्तन यस्ता भनि लेखि वर्णन गर ती कुरा पढेदेखि ।
शिक्षित हुन्छ समाज, पच्दछ मनको सबै लाज ॥

२३

कवि-

व्यासजिका पनि देख अनेक शृङ्गारका लेख ।
गुड्डी त्यसै नहाँक छोपनुपर्ला वृथा नाक ॥

२४

कविता-

व्यासजिका लेख जति हेरी हेरी सफा गराइ मति ।
पाएछौ खुप सार, भँडुवा ग्रामीण शृङ्गार ।।

२५

कवि-

हितकारी जो छ खडा गर्नु उसैका समीपमा झगडा ।
अनि सब होला जाती सिँगारियौली भलीभाँती ।।

२६

कविता-

जसले लेखनशैली बिगारनाले भएँ बडी मैली ।
उही मेरो हितकारी !! धन्य महात्मा दयाधारी !!

२७

कवि-

झिकिकन संस्कृत-नेल, गराइ भाषाविषे ठुलो मेल ।
खेलाएँ जसलाई शत्रु उसैको भएँ अरे हाइ !!!

२८

कविता-

झिकिकन संस्कृत-सारी मर्यादा अङ्को मारी ।
ननचाए उदर-दरी भरीभराऊ हुने कसरी ।।

२९

कवि-

भाषामा उपदेश लेखिदिनाले स्वयं बुढो देश ।
लिन सक्तछ शुभ शिक्षा मागनुपर्दैन अन्त गै भिक्षा ॥

३०

कविता-

गर झगडा सब माफ, बल्ल सुनायौ मिठा कुरा साफ ।
देश सुधारन भाषा कुञ्जि छ यो काखमा खासा ॥

३१

कवि-

भाषाका गुणधारा मालुम मनमा छँदाछँदै सारा ।
किन तिमी येतिञ्जेल थापि-रहेकी ठुलो झेल ॥

३२

कविता-

भद्दा अवनतिकारी रसिया जस्ता किताबका भारी ।
दिन दिन बढ्दा देखी अघोर मनमा उठ्यो सेखी ॥

३३

कवि-

शिक्षा विचारशाली लेखनु मिहिनेत मात्र हो खालि ।
गर्दछ को रुचि यसमा, छन् सब बोक्रे कथा-रसमा ॥

३४

कविता-

रसिला नैतिक बात लेखन उठ्दैन आफनै हात ।
भन बरु छ भने होश, किन फिर अरुमा कृथा दोष ॥

३५

कवि-

उपयोगी परिपाटी लिएर कन्था कटाकटी काटी ।
लेखनु यो कठिन कुरा छन् सब त्यस्ता कहाँ चतुरा ॥

३६

कविता-

उपकारी मर्मज्ञ विचारवाला गुणी महाप्रज्ञ ।
भाषमा छैन कुनै यो त बताएँ स्वयं अघि नै ॥

३७

कवि-

अघिका सत्कवि जस्ता मिल्छन् कविजी कहाँ सस्ता ।
तर तिमि हार नखाऊ, स्थिर गर भाषाविषे पाउ ॥

३८

कविता-

होला शिक्षित देश भनेर भाषाविषे सहेँ क्लेश ।
कविको पुगेन ढङ्ग उल्टा, मेरो टुटे अङ्ग ॥

३९

कवि-

दर्द बुझैं चुपचाप सब तिमि मनमा नलेउ सन्ताप ।
आफनु जीवनसम्म सुधार गरुँला सकेसम्म ।।

४०

कविता-

अधितिर पुच्छ घुसारी कविता प्रत्यक्ष लोकमा पारी ।
गंकन्छौ तिमि यसरी, सुधार होला हरे ! कसरी !

४१

कवि-

गुणवति ! सुन अबदेखि गन्थन गन्था विकामका लेखी ।
गरनेछैनँ दिमाग पक्का यो चित्तमा राख ।।

४२

कविता-

बेस भन्यौ अबदेखि विचारशाली मिठा कुरा लेखी ।
मेरो गरनु सुधार, शिरमा तिमि बोक यो भार ।।

४३

कवि-

पहिले अलिअलि हाँसी नुहिकन पछि बसेर छासी ।
अर्ति दियौ हितकारी नपाइसकना बडा भारी ।।

४४

कविता-

बढिया हो यो वचन, तिमिसित शिवजी खुशी रहून् बहुत ।
बन्द गरौं सब बात, सुत अब धेरै गयो रात ॥

४५

'खुशिसित बसि मेरो लेख यो हेरि साफ
गुण जति लिनुहोला दोषमा पाउँ माफ ।
भनि नुहिकन सारा मित्रमा प्रीतिसाथ
गरदछ कर जोडी प्रार्थना 'लेखनाथ' ॥

++

---

१. त्यस अवस्थामा नेपाली भाषा कुन हालतमा रहेछ ? त्यस कुराको पत्ता यस लेखबाट मिल्छ ।

को ? को ?

यो छाला, हाड, मासू, रगतहरू सबै देखिने बाह्य बोक्रो
  त्यो बोक्राभित्र अर्को अलिकति मसिनु प्राण दोस्रै छ बोक्रो ।
तेस्रो त्यै-भित्र बोक्रो मन, अझ उसको भित्र आनन्द बोक्रो
  बोक्रोको तुच्छ धोक्रो लिइकन म भनी बोल्छ को भित्र खोक्रो ?

++

म कस्तो हूँ

१

बनूँ सत्यवादी, पढूँ नित्य विद्या
हटाऊँ सबै चित्तदेखिन् अविद्या ।
बडो धीर विद्वान्, बडो बुद्धिमान
फलानू छ भन्ने चलाऊँ बयान ॥

२

म को हूँ ? कहाँ छु ? कहाँ के छ हाल
लिएको छु के काम ? कस्तो छ चाल ?
सबै यो बिचारूँ विपज्जाल टारूँ
बडो बुद्धिमानी जगत्मा फिजारूँ ॥

३

लिएको छ जो लक्ष्य सोही कुरामा
खडा हूँ, उसैमा गरूँ घोर धामा ।
कुनै विघ्न आईपरेमा उजार-
नहूँ, कामलाई लगाऊँ म पार ॥

४

सधैँ हूँ उज्यालो सधैँ हूँ हँसीलो
सबैको म हूँ मित्र जस्तै रसीलो ।
कसैलाइ काहीं नपारूँ म मर्म
लिऊँ नित्य लोकोपकारी सुधर्म ॥

५

यता भिक्षुदेखिन् उता भूपसम्म
सबैको बुझूँ कर्मको तारतम्य ।
सुखैश्वर्य पाए नगम्कूँ गजक्क
विपत् पर्न आए नहूँ थक्क-थक्क ॥

++

सत्य-सन्देश

कालो मन्दाकिनीको जल, जलनिधिका मोतिको ज्योति कालो,
कालो सौदामिनीको चहक, सब शरच्चन्द्रको कान्ति कालो ।
कैलास-श्रेणि कालो, झलमल गरने सूर्यको विम्ब कालो,
यो सारा सृष्टि कालो, मन-बिच छ भने दम्भ दुर्भाव कालो ॥

++

वसन्त-कोकिल

१

भरी लता-वृक्ष-विषे टनाटन
नवीन लाखौं फुल पालुवाकन ।
वसन्त आयो कलकण्ठको अब
सुनिन्छ साह्रै कल कण्ठ-गौरव ॥

२

अगाडि जो दीन बनी लुकीकन
बिताउँथ्यो केवल दुःखमा दिन ।
अहो !! उही कोकिल हेर आज यो
प्रमोदले पूर्ण महासुखी भयो ॥

३

बसी बगैंचा-बिच मोजमा परी
नयाँ कलीला सहकार-मञ्जरी ।
चपाउँदै मस्त भएर बेसरी
कुहू कुहू गर्दछ त्यो घरी-घरी ॥

४

चलीरहेको छ सिरीसिरी हवा
झुलीरहेछन् सब मञ्जु पालुवा ।
जता दियो दृष्टि उतै सुखी मन
प्रमोदले पूर्ण नहोस त्यो किन ?

५

समीरले पुष्प-परागको झरी
लगाउँदा त्यो रस-रङ्गमा परी ।
झुलीरहेको छ शरीर बेसरी
मुछेर तेही रजमा घरी-घरी ॥

६

पिएर साऽऽनन्द रसालको रस
घुमाउँदै नेत्र दुवै मदाऽऽलस ।
सहर्ष खोली सुरिलो गलाकन
घनक्क घन्काउँछ त्यो सबै वन ॥

७

घरी घरी भुर्र उडी अलीकति
घुमेर शाखान्तरमा यताउति ।
बडो बहाडी रसिकै बनी तहाँ
ढलीमली गर्दछ पालुवामहाँ ॥

८

चुचो ठड्याईकन चट्ट मञ्जरी
 ठुँगेर च्यापीकन देखिने गरी ।
फरक्क फर्कन्छ घरी पछिल्तिर
 प्रसन्नता-साथ लतारि पुच्छर ॥

९

[१]न शीत बाधा, न त घामको डर
 न बाग नङ्गा, न त वृष्टिको पिर ।
वसन्तको गौरवले गरीकन
 खुशी छ साह्रै कलकण्ठको मन ॥

++

१. यो कविता पनि धेरैअघि लेखिएको र नेभाप्र समितिको स्थापना हुनासाथ पाठ्यपुस्तकमा छापिएको छ । -लेखक

विवेक-वाटिकाको सानू फूल

[१]आत्मज्योति छ जो अखण्ड भरिलो भित्री हृदाऽऽकाशमा
    लागेको छ वितर्क-बादल ठुलो त्यो ज्योतिका पासमा ।
जो त्यो बादल युक्तिको पवनले विस्तार पन्छाउला
    नित्याऽऽनन्द अनन्त शान्ति-सुखको माधुर्य त्यै पाउला ॥

✦✦

---

१. अमर शहीद शुक्रराज शास्त्री फाँसीमा चढाइएको दिन मनमा उठेको उद्वेग शान्त पार्न लेखिएको ।

नैतिक-दृष्टान्त

१

बडाले जो गर्‍यो काम हुन्छ त्यो सर्व-सम्मत ।
छैन शङ्करको नङ्गा, मगन्ते भेष निन्दित ।।

२

गरदैन ठुलो व्यक्ति मर्यादा-स्थिति-लङ्घन ।
बसेको छ महासिन्धु सीमा-बद्ध बनीकन ।।

३

दबिन्छ गुणिको दोष गुणको राशिमा परी ।
रश्मिले चन्द्रको दाग दबाएकै छ बेसरी ।।

४

कसैको लोकमा छैन एकैनास समुन्नति ।
अरूको के कुरा हेर सन्ध्यामा सूर्यको गति ।।

५

छोटो बढ्‌यो भने ज्यादा फूर्ति ढाँचा बढाउँछ ।
उर्लँदो खहरे हेर कत्तिको गड्गडाउँछ ।।

६

ज्यादा सोझो हुनूभन्दा टेढिनु छ फलाऽऽधिक ।
गरिंदैन कुनै सोझो ग्रहको पूजनाऽऽदिक ।।

७

टपर्टुञ्या पनी हुन्छ मूर्खमध्ये प्रतिष्ठित ।
बोलने को अँध्यारोमा महात्मा जुन्किरीसित ।।

८

सानैदेखि छुचो हुन्छ दुष्ट मानिसको मति ।
घोचने जङ्गली काँढा पहिले नै तिखा कति ।।

९

मिलेर काम गर्नाले हुन्छ अत्यन्त फाइदा ।
एकता हेर कस्तो छ मौरीको महमा सदा ।।

१०

जे दिँदैन उही दिन्छु भनी गर्जन्छ सत्त्वर ।
जो हो नबर्सने मेघ उसैको हुन्छ घर्घर ।।

११

हुनुपर्दछ मौकामा शत्रुको पनि सेवक ।
कोइली कागकै बच्चा बन्छ सानू छँदातक ।।

१२

गुणग्राही जहाँ छैन उहाँ के गरला गुणी ।
कौडीमा तक मिल्किन्छ भिल्लका देशमा मणि ।।

१३

योग्य स्थानविषे मान सानाले पनि पाउँछ ।
कृष्णाका तटको ढुङ्गो देवता कहलाउँछ ।।

१४

उपकारी गुणी व्यक्ति निहुरन्छ निरन्तर ।
फलेको वृक्षको हाँगो नझुकेको कहाँ छ र ॥

१५

मेटिँदैन कसैबाट आफ्नू कर्म-पद्धति ।
वनवासी बने राम चौधै भुवनका पति ॥

१६

धर्म हो धीरको धैर्य राखनू दुःखजालमा ।
मानू मौनव्रती हुन्छ कोइली शीतकालमा ॥

१७

सारा सार लिई कन्था छोडी-दिन्छ गुणी जन ।
रस चूसेपछि भृङ्ग फूलमा भुल्दथ्यो किन ॥

१८

सङ्गले पनि जाँदैन दुष्टको दुष्टता रिस ।
श्रीखण्डमा बसी सर्प कहाँ हुन्थ्यो र निर्विष ॥

१९

[१]मूर्खका मनमा अर्ती गाली-तुल्य बिझाउँछ ।
दुध पान गरी सर्प खाली विष बहाउँछ ॥

✦✦

---

१. (यो कविता पनि उहिल्यै समितिको पाठ्यपुस्तकमा छापिएको छ । –लेखक)

पिञ्जराको प्यासा मैना

हड्डीको पिंजरा शरीर, उसमा मैना 'म' भन्ने चरो
त्यो क्याँ क्याँ गरदो छ शान्ति-रसको पानी-विना भै खरो ।
चारा इन्द्रिय-लभ्य यो विषयको लाखौं खन्याए पनि
भित्री व्याकुलता र दाह उसको छुट्दैन कत्ती पनी ॥

++

हिउँका दिन

१

मित्र हो ! हिउँका दिन आए
सूर्यले मधुर कान्ति फिँजाए ।
छैन काहिं झरि बादल वर्षा
हर्षको छ सबमा अब वर्षा ॥

२

वेगसाथ बिजुली पनि भागी
त्यै महाघन-घटासँग लागी ।
इन्द्रनील मणि झैं अति जाती
देखियो गगनमण्डल माथि ॥

३

देखिए नद-नदीहरू साफ

घामको घटिसक्यो परिताप ।

पान्थका पनि खुले सब रस्ता

लोकलाइ छ बिछट्ट सुबिस्ता ॥

४

अन्न पात घरमा हुलि भारी

पूर्ण पारिकन बाँधि भकारी ।

आफना घरघरै ति किसान

मस्त छन् सब अमीर-समान ॥

५

सूर्य दक्षिण कुनातिर लत्रे

खुम्चिए कमलका दल झुत्रे ।

लोकबाट गरमी सब भाग्यो

शीतको प्रबलता हुन लाग्यो ॥

६

चञ्चले बिजुलि झैँ गरि चट्ट

देखिएर दबिने दिन झट्ट ।

रात-चाहिं सब छन् अति लामा

काटनै बहुत पर्दछ धामा ॥

७

राति फाँटभरमा कुहिराको
राश लाग्दछ घोर मजाको ।
हेरदा शिखरबाट बिहान
देखिने सब कपास-समान ॥

८

मानियो सरस चाड तिहार
तापनू छ अब खालि पहार ।
घाममा बस र पुस्तक फोऊ
पाठ घोक, पहिला तिमी होऊ ॥

✦✦

(यो कविता ने. भा. प्र. स. को पहिलो किताबका निम्ति लेखिएको हो । -लेखक)

नारद र विज्ञान

नारद- यस्तो नील अनन्त शून्य पथमा यो लम्कने कौन हो ?

विज्ञान- मेरो नाम मुनीन्द्र ! विश्वभरमा विख्यात विज्ञान हो ।

नारद- लम्कन्छौ किन दूर-दूर नभमा ?

विज्ञान- बस्ती नयाँ खोजन ।

नारद- आँट्यौ के ग्रह-गोलमा पनि कुनै उत्पात मच्चाउन ?

विज्ञान- चाँडै पुग्न सके अहा !! ग्रह सबै खाने थिए ठक्कर ।

नारद- ज्योतिश्चक्र पनी मनुष्य पशु झैं स्वार्थी र अन्धो छ र ?

विज्ञान- बन्छन् अन्ध सबै पऱ्यो यदि भने मेरो प्रभा भासुर ।

नारद- यस्मा के छ सबूत ?

विज्ञान- के भुलनुभो, सङ्ग्राम देवाऽसुर ?

१

यस्तो नील अनन्त शून्य पथमा यो लम्कने कौन हो ?
मेरो नाम मुनीन्द्र ! विश्वभरमा विख्यात विज्ञान हो ।
लम्कन्छौ किन दूर-दूर नभमा ? बस्ती नयाँ खोजन
आँट्यौ के ग्रह-गोलमा पनि कुनै उत्पात मच्चाउन ?

२

चाँडै पुग्न सके अहा !! ग्रह सबै खाने थिए ठक्कर
ज्योतिश्चक्र पनी मनुष्य पशु-झैं स्वार्थी र अन्धो छ र ?
बन्छन् अन्ध सबै पऱ्यो यदि भने मेरो प्रभा भासुर
यस्मा के छ सबूत ? के भुलनुभो, सङ्ग्राम देवाऽसुर ?

++

साहित्यको फुटबल

१

[१]भाषाको छ, विशाल चौर जसमा गर्दै ठुलो तर्खर
भै कोही फरवार्ड, रेफरि कुनै ब्याकिङ् र गोल्कीपर ।
खेल्दै छौं फुटबाल बालक सबै साहित्यको बेसरी
हावा छैन परन्तु भित्र उसमा गुड्दैन केही गरी ॥

२

खेल्न्यै हो अब खेल यो यदि भने चाँडो अगाडि सरी
ल्याऔं शुद्ध विचार-पम्प, उसमा जोडौं र त्यो सुस्तरी ।
हावा जागृतिको क्रमैसित भरौं सर्वत्र त्यो टन्न होस्
भर्दा जोड परेर किन्तु पहिल्यै टुट्ने र फुट्ने नहोस् ॥

---

१. (यो कविता द्वितीय कविसम्मेलनमा पढिएको हो । -लेखक)

३

त्यो घात प्रतिघात-सङ्क्रमणको चातुर्य-सौदामिनी
लड्नासाथ उडेर चक्कर लिंदै घुम्दै रहोस् फन्फनी ।
खेल्छौं हामि जती उती चटपटे उस्को नयाँ रङ्ग होस्
सारा दर्शक-वर्ग मस्त सुरमा ताली पिटी दङ्ग होस् ॥

++

शिक्षक र भिक्षुक

१

शिक्षक- (ढोकामा उभिएको भिक्षुतिर हेरी) त्यो को ?

भिक्षुक- (नम्रतासित) भिक्षुक हूँ

शिक्षक- (रूखो स्वरले) यहाँ किन पसिस् ?

भिक्षुक- (आश्चर्यसित) भिक्षा कहाँ गै गरूँ ?

शिक्षक- (मुख फेरी) त्यो मिल्दैन मबाट

भिक्षुक- (वक्र उक्तिले) मिल्छ अरु के ?

शिक्षक- (रहमीसित) शिक्षा लिई जा बरु

भिक्षुक- (ठाडो स्वरले) त्यो आफैँ लिनुहोस् मबाट

शिक्षक- (तिरस्कार भावले) तँ पनी शिक्षा मलाई दिने ?

भिक्षुक- (निर्धक्कसँग) यस्तै गर्व थियो र पूर्वजुनिमा ऐले भिखारी बनैं

२

शिक्षक- (अनपत्यारी सित) त्यो फोस्रो गफ हो

भिक्षुक- (भावगर्वित उक्तिले) कठै !! हजुरको चस्मा धमिलो किन ?

शिक्षक- (चस्मा पुछ्दै) यो चस्मा बहुतै सफा छ

भिक्षुक- (आश्चर्यसित) कसरी आयो त अन्धोपन ?

शिक्षक- (कड्केर) अन्धो छू म कहाँ ?

भिक्षुक- (दृढतासित) यहीं

शिक्षक- (परपर हेर्दै) नजरले छर्लङ्ग देख्छू सब

भिक्षुक- (हँस्सीसित) तेस्रो नेत्र उसो भए त शिवको
चाहिन्न पक्का अब

१

त्यो को ? भिक्षुक हूँ यहाँ किन पसिस् ? भिक्षा कहाँ गै गरूँ ?
त्यो मिल्दैन मबाट, मिल्छ अरु के ? शिक्षा लिई जा बरु ।
त्यो आफैं लिनुहोस् मबाट, तँ पनी शिक्षा मलाई दिने ?
यस्तै गर्व थियो र पूर्वजुनिमा ऐले भिखारी बनें ॥

२

त्यो फोस्रो गफ हो, कठै !! हजुरको चस्मा धमिलो किन ?
यो चस्मा बहुतै सफा छ, कसरी आयो त अन्धोपन ?
अन्धो छू म कहाँ ? यहीं, नजरले छर्लङ्ग देख्छू सब
तेस्रो नेत्र उसो भए त शिवको चाहिन्न पक्का अब ॥

++

धन-महिमा

१

मनुष्यको जीवन-वृक्षलाई
अमन्द आनन्द-सुधा दिलाई ।
बडो उज्यालो रसिलो सदैव
गराउन मुख्य धनै छ दैव ॥

२

विपन्न, सम्पन्न, अशक्त, शक्त,
अयोग्य योग्याऽऽदिक यो विभक्त ।
प्रपञ्च, जो हो उसको प्रधान
निदान खाली धनलाई जान ।

३

सभा, कला-कौशल, खेति-पाती
लगान वाणिज्य अनेक भाँति ।
सुधार, शिक्षाऽऽदि सबै प्रपञ्च,
धनै भए मात्र बनी-रहन्छ ॥

४

यथार्थमा हेर मनुष्यलाई
    मनुष्यताको सँगमा मिलाई ।
चढाउने उन्नति-शैल-माथि
    धनै छ यौटा स्पृहणीय साथी ॥

५

धनै भए लभ्य छ गाँस, वास
    धनै भए मात्र रहन्छ सास ।
धनै छ सर्वोत्तम सार जे छ
    सबै धनैमा लटकी-रहेछ ।

६

कसेर चारैतिरबाट ल्याई
    नचाउने नित्य मनुष्यलाई ।
रहेछ एकै धन-नाम खास
    महेशको मोहन मन्त्र-पाश ॥

७

अशेष यो विश्वविषे विशेष
    लगाइ आँखाकन लेश लेश ।
विचार आफैं बुझ हाव-भाव
    रहेछ कस्तो धनको प्रभाव ?

८

यसो गरे देखि यती हुनेछ
यती भए दुर्लभ फेरि के छ ?
भनेर खाली धनका निमित्त
समस्त संसार छ यो प्रवृत्त ॥

९

बुझ्यौ जहाँसम्म रहन्छ सास
सदा उहाँसम्म धनाऽऽभिलाष ।
अखण्डता-साथ बनी-रहन्छ
पुग्यो मलाई कुनचाहिँ भन्छ ? ॥

१०

पुगी-सक्यो प्राण सबै गलामा
परीरहेको छ अघोर धामा ।
तथापि पाए धनको प्रसङ्ग
पुलुक्क हेरीकन हुन्छ दङ्ग ॥

११

लिएर साधारण भिक्षुलाई
ठुला ठुला भूपतिसम्मलाई ।
विशाल आशामय पाश हाली
घिसारने मुख्य धनै छ खालि ॥

१२

विरक्त बन्छ, व्यवहार लिन्नँ
 कलत्र-पुत्राऽऽदि कुनै म छुन्नँ ।
भनी मुडायो शिर, किन्तु आँखा
 बनीरहेका धनमा चनाखा ॥

१३

गुणी विवेकी, कवि, साधु, सन्त
 बडे बडे पण्डितजी, महन्त ।
सबै जनाका धन देखदामा
 हुने दुवै नेत्र बिछट्ट लामा ॥

१४

जती तिमी हेर, जती विचार,
 जतीसुकै निर्मल चित्त पार ।
सबै जना यै मनमोहकारी-
 स्वरूपधारी धनका भिखारी ॥

१५

विचार, विद्या, बल, शक्ति, तत्त्व
 विवेक, फुर्ती, पटुता, महत्त्व ।
सबै कुराको धनमा छ वास,
 धनै छ सांसारिक सार खास ॥

१६

सदा नयाँ मङ्गलका तरङ्ग
        प्रसन्नता, कौतुक, केलि-रङ्ग ।
बहाड, वैचित्र्य, विनोद, वाद
        सबै कुरा हो धनको प्रसाद ॥

१७

धनै छ आराध्य, धनै प्रणम्य
        धनै महामान्य र पूज्य रम्य ।
धनै यशोमूल, धनै प्रतिष्ठा
        सबै कुराको धनमा छ निष्ठा ॥

१८

घमण्ड, ढाँचा, छल, दम्भ, पाप,
        अमर्ष, दौर्जन्य, पराऽऽभिताप ।
असत्य, शाठ्याऽऽदिक दोष-धारा
        धन-प्रभाभित्र दबिन्छ सारा ॥

१९

उदार, सर्वज्ञ, सुयोग्य, ठालु,
        बडो महात्मा, चतुरो, सिपालु ।
हुनू छ सर्वोत्तम मान्य माऊ
        भने बुझ्यो खालि धनै कमाऊ ॥

२०

विनोद, चातुर्य, विचार, शक्ति,
महत्त्व, सौजन्य, विवेक, भक्ति ।
गुणज्ञता, भोग, विलास, चैन
असाध्य केही धनबाट छैन ॥

२१

लिएर शास्त्रीय ठुला किताप
बढाउने हो किन दुःख, ताप ।
तवर्गका अन्तिम वर्ण खालि
पढी दुईटा वन भाग्यशाली ॥

२२

सुरूपधारी छ, गुणी, युवा छ
प्रवृत्ति लोकोत्तर कर्ममा छ ।
परन्तु पैसा नभए अभागी
गनिन्छ छोटो मतिहीन दागी ॥

२३

विचार, विद्या, विनयाऽऽदि जानी
हुँदैन कोही पनि भाग्यमानी ।
यथार्थमा भाग्य भनेर नित्य
पुकारिने वस्तु छ एक वित्त ॥

२४

हुँदै नहोस् क्यै गुण, शील, खूपी
स्वरूपमा होस् बहुतै कुरूपी ।
तथाऽपि मानिन्छ धनी मनुष्य
जताततै यो बुझनू अवश्य ॥

२५

धनै भए मात्र रहन्छ मान
धनै भए हुन्न फिका जमान ।
धनै भए बन्दछ बुद्धिमान
धनै भए मिल्छ ठुलो कमान ॥

२६

जसो गरी हुन्छ धन-प्रवाह
सदा बहाई बन 'वाह वाह' ।
हुनेछ धारो धनको पियारो
सुक्यो भने लोक सबै अँध्यारो ॥

२५

धनै छ यागाऽऽदिक-धर्म-हेतु
धनै छ भाग्योदधिमाथि सेतु !
धनै भए मान्दछ राहु केतु
धनै छ सर्वोत्तम भाग्य-केतु ॥

२८

कमाइ पैसा धनधान्य-शाली
बनेर ऐनातिर एकपालि ।
लगाउ आँखा, मनमा विचार
यथार्थमा कौन रहेछ सार ? ॥

२९

प्रशस्त पैसा मुठिभित्र राख
गरी कडा शब्द गरीब डाक ।
दिमाक देखाउ, लगाउ धाक
नहाँकिने के छ ? एथेष्ट हाँक ॥

३०

फिजी नयाँ लम्पट बेस बेस
लिएर बालिष्टविषे अडेस ।
जहाँ जसो भन्छ धनी मनुष्य
उहाँ उसै हुन्छ बुझ्यौ अवश्य ॥

३१

लगाइ घेरा धनवान-नेरा
खडा नयाँ मित्रहरू घनेरा ।
दरिद्रता खास उनै पुराना
जहान आपस्त पनी बिराना ॥

३२

विचार चारैतिरबाट बात
बताउ छोडीकन पक्षपात ।
यथार्थमा यो धनदेखि अन्त
कहाँ छ माया, ममता दुरन्त ॥

३३

अधीन-वर्त्ती धनकल्पवृक्ष
खडा परे (डे)को छ भने समक्ष ।
समस्त सांसारिक वस्तु-जात
यथेच्छ मिल्छन् सब हात हात ॥

३४

[१]धनाऽभिधा कल्पलता चढाई
शिंगार यो जीवन-वृक्षलाई ।
यसो भएदेखि विना-प्रयास
बहन्छ साऽऽनन्द सदा सुवास ॥

++

१. (यो कविता ने.भा.प्र. समितिको सुरुमा तेस्रो श्रेणीमा पढ्ने बालकका निमित्त लेखिएको हो । -लेखक)

सत्य-सन्देश

दोषी माता-पिताका वचन, गुरुजनाऽदेश निःशेष दोषी
सत्याऽऽत्मा मित्र दोषी, गृह-परिजनको चाल देखिन्छ दोषी ।
पत्नीको प्रेम दोषी, अमृतमय मिठा वेदका वाक्य दोषी
यो सारा सृष्टि दोषी, विधि-वश छ भने आफ्नू दृष्टि दोषी ॥

++

वसन्त

१

अन्धकारमय सङ्ककारी

शीतपूर्ण जठिलाऽऽकृति-धारी ।

शैशिरस्थिति समस्त हरायो

शान्त सुन्दर वसन्त उदायो ॥

२

छैन शीत शरदी अघि जस्तो

लागदैन गरमी पनि उस्तो ।

मध्यम स्थिति लिएर वसन्त

लोकलाइ सुख दिन्छ अनन्त ॥

३

जाल फारि गहिरो कुहिराको

उज्ज्वल द्युति फिँजारि मजाको ।

सूर्य उत्तर दिशातिर लागे

पद्मका विकट दुर्दिन भागे ॥

४

जो थिए तरु लताहरु नाना
पत्र, पुष्प, फल-हीन पुराना ।
हेर आज विधिले उनमाथि
पालुवा जडिदियो अति जाति ॥

५

जामुनू, तिलक, बञ्जुल, पैञ्यूँ
कोबिदार, महुवाहरु, कैञ्यूँ ।
उच्च वृक्षहरु हेर विचित्र
देखिए कुसुमले वनभित्र ॥

६

केतकी, बकुल, चम्पक, जाति,
पाटलाऽऽदि फुलको बहु भाँति ।
बागमा गमक(महक) त्यो गमकन्छ
चित्त चञ्चल भई चमकन्छ ॥

७

मन्द मन्द बहने सुखकारी
शीतलो सरस वृक्ष-विहारी ।
वायुले कुसुमको रज झारी
बागमा भरिदियो तर पारी ॥

८

टल्कने चहकिला अति काला
भृङ्गको रसमदाऽऽकुल माला ।
बागमा घुनुनुनू घुमनाले
दिग्दिगन्त सब घन्कन थाले ॥

९

वृक्षका मृदुल पल्लव-भित्र
खेलदै सरस खेल विचित्र ।
च्याउँ च्याउँ चिडिया खुशि मानी
बोल्दछन् बहुत सुन्दर वाणी ॥

१०

झार, पात, पिपिराहरु नाना
दर्शनीय हरिया मृदु साना ।
देखिए धरणिमा बहुमूल्य
चीनियाँ नरम-रेशम-तुल्य ॥

११

शीत-शुष्क-नलिकामय सारा
सारले रहित तुच्छ अँध्यारा ।
पोखरीहरु भए अब बल्ल
पद्मका कुसुमले झलमल्ल ॥

१२

आँपका मधुर मञ्जरि खाई
दीर्घ उच्चतर कण्ठ खुलाई ।
कोइली गरछ गान विचित्र
मस्त भै छिनछिनै रूखभित्र ॥

१३

[१]लोकमा छ न त वृष्टि न घाम
शीतको छ न कुनै धुमधाम ।
वायु चल्दछ बडो सुखकारी
धन्य सुन्दर वसन्त विहारी ॥

++

---

१. (यो कविता पनि नेपाली दोस्रो किताबमा राख्न लेखिएको हो । -लेखक)

सत्य-सन्देश

थोत्रो पाटी उज्यालो, मलिन तृणकुटी, कन्दरा झन् उज्यालो
भिक्षा भारी उज्यालो, अझ घन वनको साग सिस्नू उज्यालो ।
फ्याड्लो गुन्द्री उज्यालो, वरपर घुमदा जीर्ण कन्था उज्यालो
तृष्णाको तुच्छ जालो मनबिच नभए जो मिल्यो सो उज्यालो ॥

++

अरूणोदय

१

जय जगदीश्वर ! मनको रहमा
शून्य गगनमय भित्री तहमा ।
पलपल शीतल कलना-लहरी
निस्कन लागे ठहरी ठहरी ॥

२

मधुर ध्वनिको श्रवण-विवरमा
रेखा खिचियो पञ्चम सुरमा ।
जति जति डुबिकन हेरैं भित्र
यति उति पाएँ भाव पवित्र ॥

३

प्रमुदित त्यहि नै भाव तमाम
गर्छ नखीको कोमल काम ।
जसले गर्दा वारंवार
झन्कन थाल्यो हृदय-सितार ॥

४

नासा-पुटमा थरि थरि महक
कसको कसको पाई बहक ।
लहबरि खेल्दै चहचह गर्छ
सुखका शीतल सीकर छर्छ ॥

५

तम सपनाको पर पर सारी
नयन-सरोरुह सरसर पारी ।
सुन्दर शीतल बिजुली छिनमा
दौडन थाल्यो हृदय-गगनमा ॥

६

उस बिजुलीका क्षणिकझलकमा
झल्क्यो अद्‌भुत दृश्यपलकमा ।
कृश रजनीको दीन मुहार
मलिन फिका सब गहना, हार ॥

७

सिम्रिक सारा पर छरिएको
चादर फुस्रोपन भरिएको ।
आँसु बहेको रजनी बिचरी
छटपटिएकी कसरी कसरी ?

८

रजनी ! रजनी ! बस अलि बेर
जनि गर, नदगुर रन्थनिएर ।
नजर फिराई अलिकति हेर
पूर्व गुलाफी खोपीनेर ॥

९

बालक दिनकर भरखरका ती
सुस्त पसारीकन कर माथि ।
गरछन् खोज प्रिय जननीको
बिन्ति छ रजनी ! नगर ननीको ॥

१०

हुन त उषाले लेली काख
प्रणय बढाई मानी चाख ।
किन्तु तिमी पनि ममता राख
धाईभन्दा जननी शाख ॥

११

अलिछिन श्यामल चादर-भित्र
        उज्ज्वल रागी बाल पवित्र ।
गुटुमुटु पारी गुम्म तताऊ
        अनि झुलनामा माथी ल्याऊ ॥

१२

[1]बसि बसि म पनी तेतिञ्जेल
        हेर्दछु रजनी ! रसिलो खेल ।
अतिशय राम्रो पारेँ फेला
        शारदा अरुणोदयको बेला ॥

++

---

१. (यो कविता शारदा पत्रिकाको पहिलो अङ्कमा छापिएको छ ।)

गङ्गाजीसित

(गङ्गासागर-सङ्गमबाट कैलासतिर हेरेर)

१

त्याग्यौ स्वर्गपुरी, खस्यौ गिरिशका लम्बा जटाजूटमा
तेताबाट पनी पछारिन गयौ कैलासको कूटमा ।
थोरै बेर मिल्यौ लपक्क हिममा, फेरी तलै हुत्तियौ
चिच्याएर कराउँदै छहलिँदै डण्डूर पुर्दै गयौ ॥

२

फन्क्यौ खूब, अतासियौ, गिरिशिला चिर्दै हिंड्यौ लाखन
निस्क्यौ संथरमा ठुलो रहरमा, चढ्दै-गयो यौवन ।
पैलेको गति-भङ्गि-भाव बदल्यौ, झुक्दै गयो त्यो शिर
गङ्गाजी ! खिहि्याउंदो जलधिमा डूब्यौ कठै !! आखिर ॥

++

सान्त्वना

१

हे देवी ! मातृभाषा ! यसरि किन तिमी गर्दछ्यौ घोर शोक
बिन्ती मेरो छ तिम्रा चरणकमलमा, शोकको वेग रोक ।
जत्ति देखाउँछ्यौ त्यो मसित तिमि यहाँ आफनू दर्द बाधा
उत्ती काटिन्छ मेरो हृदय जिउ सबै हुन्छ तत्काल आधा ॥

२

हामी हौं गोरखाली सकल, तिमि पनी गोरखा-मातृभाषा
तिम्रो हाम्रो बिछट्‌टै दृढ मिलन भएको छ सम्बन्ध खासा ।
मर्यादा फालि तिम्रो भुवनभर कतै छैन कल्याण हाम्रो
जानेको छू सबै यो, तर विधिगतिले पर्न आयो नराम्रो ॥

३

मौकामा मातृभाषा-उपर जति-जति गर्दछौं हामि हेला
उत्ती पर्छौं पछाडी जटिल विपदको सामने गैह्र फेला ।
चाँडै तातौं सुधारौं सकल जन मिली आफनू पाठ्‌यशैली
भन्ने यो मेल हामीहरूसित नहुँदा देखियो देवि ! मैली ॥

४

अङ्ग्रेजीमा कसैको प्रणय-रस, कुनै बङ्गला-संस्कृतज्ञ
हिन्दीमा मस्त कोही चतुर, कति महाजङ्गली मूर्ख अज्ञ ।
यस्तोमा एक दोटा पिलिपिलि गरिने जुन्किरीबाट खालि
सौभाग्याऽऽकाश तिम्रो कसरि सहजमा हुन्छ त्यो कान्तिमाली ॥

५

तिम्रो सेवा गरौँला, भरसक जननी ! दुःख तिम्रो हरौँला
पाऊ तिम्रै परौँला, हरतरह गरी कोष तिम्रो भरौँला ।
भन्ने ताना लिँदैमा सकल जिउ सुक्यो, जिन्दगी भो बिकामी
पत्ता लागेन केही, अब शिव ! शिव ! हा !! के गरौँ यत्न हामी ॥

६

विश्वव्यापी नराम्रो हृदय चरचरी चीरने आर्तनाद
सुन्दामा आज तिम्रो पशु पनि मनमा लिन्छ केही विषाद ।
हे देवी ! मातृभाषा ! शिव ! शिव ! उसको लेख्नू के बयान
पैले नै धैर्य छोडी जड कलम पनी रुन्छ यो सत्य जान ॥

७

हे देवी ! बन्धु हाम्रा सकल दृढ गलेबन्दले कान ढाकी
आनन्दैमा लडेका छन अधिक मिठो मोहको स्वप्न डाकी ।
चिच्च्याई व्यर्थ रुन्छ्यौ किन तिमि ? उनका कानमा यो बतास
पक्का पर्दै छ तिम्रो, हृदय गर कडा, धैर्यलाई ननाश ॥

८

लाखौं मानी धनी छन्, फिर कविहरुको पूर्ण देखिन्छ गिन्ती
हे देवी ! लाउँदी छौ तिमि पनि सबका पाउमा नित्य बिन्ती ।
केले हो तैपनि यो दिन दिन बढदो दर्द तिम्रो छ यस्तो
यो देखी दङ्ग पर्छू प्रतिदिन म, अहो !! कर्मको खेल कस्तो ?

९

हे देवी ! सत्य भन्छू, जटिल कुदिनमा जन्म तिम्रो भएछ
साँचै नै भाग्य-रेखा अलिकति बिचमा खुम्चिएकै रहेछ ।
यो केही पुर्पुराको अडचन नभएदेखि तिम्रो पुकार
तेसै खाली हावा भै कसरि गगनमा मिल्दथ्यो वार वार ॥

१०

कोही अन्धा, कसैका वर वर सुनने कान निष्पट्ट बैह्रा
कोही लाटा, कसैका उदरमय महागर्तमा नित्य पैह्रा ।
हाम्रै चाला छ यस्तो तिमिकन जननी ! के गरौंला सहाय
के देखी व्यर्थ रुन्छ्यौ यसरि छिनछिनै कल्पँदै हाय ! हाय ! ॥

११

वासै तिम्रो छ देवी ! गहन वनविषे, छौ तिमी निःसहाया
प्रेमी तिम्रा भिखारी सब, अरु तिमिमा कोहि गर्दैन माया ।
यस्तामा होइजाऊँ झटपट म पनी नागरी झैं उज्याली
भन्ने तिम्रो दुराशा सुखमय सपना-तुल्य देखिन्छ खालि ॥

१२

हिन्दी, उर्दू, मराठी, तदनु, गुरुमुखी, गुर्जरी, बङ्गलाको
देखी सौन्दर्य शोभा झकमक गरने रत्नशाली गलाको ।
तिम्रो त्यो फूटदो हो हृदय पटपटी, जान्दछू यो म सारा
जानी के हुन्छ देवी ! फगत जमिनमा पोख्दछू अश्रुधारा ॥

१३

हे देवी ! जे भए तापनि हृदय कडा वज्र जस्तै गराई
दिग्दारी दूर सारी बस तिमि चुप भै धैर्यलाई समाई ।
गर्दै छौं हेर हामी अझ पनि दिनहूँ यत्न तिम्रा निमित्त
औताई व्यर्थ रोई किन तिमि यसरी पार्दछ्यौ खिन्न चित्त ॥

१४

बिस्तारै खोल आँखा, उदय-गिरि-विषे पूर्ण शोभा लिएर
निस्केका चन्द्रमाका सरस किरणको माधुरीतर्फ हेर ।
ज्यादा पर्दैन बाधा अब तिमिकन त्यो, मिल्छ चाँडै प्रकाश
[१]यो पक्का जान छोटो मन गरि यसरी धैर्यलाई ननाश ॥

++

---

१. (यो कविता कुन अवस्थामा लेखिएको थियो सो कुरा मर्मज्ञ पाठकवर्गको विचाराधीन छ, यो गोर्खाली पत्रिकामा छापिएको पनि हो । -लेखक)

विश्रामघाटको पवित्र स्मृति

१

भोगाऽऽशाको धमीलो भल पसि बढदा लोभको भेल भारी
　　पारी दुर्भावनाका पल-पल भुमरी, क्षोभका छाल मारी ।
कालिन्दी घोर काली विषय-रसमयी नित्य उर्ली बहन्छिन्
　　को तर्ने आँट गर्ने मकन अब भनी कानमा स्पष्ट भन्छिन् ॥

२

जो हुन् सन्तोष-शान्ति द्रुम दुइ तटका ती ढले जोरसङ्
　　दम्भ-क्रोधाऽऽदि गोही विकल हृदयमा भर्दछन् मृत्यु-रङ्ग ।
सड्के डुङ्गा र फट्के सब शम दमका, लाग्न थाल्यो उचाट
　　त्यो फेला पर्न सक्ला कसरि अब हरे ! दिव्य "विश्रामघाट" ॥

++

विज्ञानको मोह

१

सानू विज्ञान पैले जुन उदित हुँदा साहसी मर्त्यजाति
गर्थ्यो छाती फुलाई पल-पल सुखका कल्पना भाँति-भाँति ।
सोही उन्मत्त भस्माऽसुर बनि अहिले बाहु लम्बा पसारी
पीछा गर्दो छ दौडी विकट मुख लिई सर्वसंहारकारी ॥

२

जस्को निःसार बोक्रे चहलपहल वा रङ्गमा दङ्ग मानी
भुल्दामा पेट-पूजा-विधि विकट बन्यो भार भो जिन्दगानी ।
उस्कै आराधनामा अझ किन यसरी मर्छ यो मर्त्यजाति
कस्तो विश्वास, भक्ति, प्रणय, शिव ! हरे ! तुच्छ विज्ञानमाथि ॥

३

चाहे विज्ञान पैले त्रिभुवनभरको सार सारा उतारोस्
　　चाहे आकाशमाथी किसिम-किसिमको सृष्टि-शोभा फिँजारोस् ।
त्यो त्यस्को तुच्छ बोक्रे चटक-मटक हो भिन्न अर्कै छ चर्को
　　झर्कोलाग्दो अशान्ति-ज्वरमय सरुवा व्याधिको दीर्घ धर्को ॥

४

यो विद्याले सबैको हृदयबिच ठुलो उन्नति-भ्रान्ति पारी
　　दैवी सम्पत्ति, मैत्री शम, दम, करुणा, शान्ति, सन्तोष मारी ।
खित्का छोडेर गर्दा जटिल जहरिलो ग्याँसको अट्टहास
　　को हेर्ने सास फेरी उस बखत कठै !! सृष्टिको सर्वनाश ?

५

यै छोटो जिन्दगीमा अमृतपद दिने विश्वकल्याणकारी
　　उस्तो अध्यात्म-विद्याविषयक महिमा मोहले दूर सारी ।
फोस्रो विज्ञानमाथी जति जति गहिरो गर्दछौं प्रेम हामी
　　रुन्छिन् सम्पूर्ण पृथ्वी उति उति डरले थर्थराएर कामी ॥

++

सत्य-सन्देश

भर्दाभर्दै हजारौं विषय-सुख-घडा देह लम्तन्न पर्दा
झर्दा सम्पूर्ण सेखी, तुजुक, पवनले निस्कने जोड गर्दा ।
सर्दा आपस्त डर्दै पर पर धमिलो नाचको अन्त्य पर्दा
गिर्दामा साथ जाने कुन कुन चिज हुन् ? सम्झ ती काम गर्दा ॥

++

गौँथलीको चिरिबिरी

१

म बस्ने कोठाकै दलिन-बिचमा गौँथली बस्यो
पिटाएको तन्ना-उपर फिर मैला पनि खस्यो ।
मलाई त्यो देखी हृदय-बिच लाग्यो किरिकिरी
चरी बोल्यो मेरो मन सब बुझी त्यो चिरिबिरी ॥

२

अहो !! त्यस्ता ताता नजर अति राता विष सरि
तरी तात्यौ बाबा ! किन मनमनै त्यो रिस गरी ।
तिमी धर्मात्मा छौ घर-बिच म छू आज अतिथि
तिथी माघे औँसी शहरभर भूकम्प-फजिति ॥

३

जहाँ बस्थ्यौँ हामी भवन उहि पातालमय भो
चल्यो भारी हा हा नसहिसकनू नै प्रलय भो ।
कहाँ पाऊँ ठाडो घर, कसरि ओतौँ शिर भनी
दुवै भाले-पोथी फनफनि घुम्यौँ व्याकुल बनी ॥

४

बिरालाको फेरि अधम चिलको, काग शठको
शिकारी बोहोरी, कुकुरहरुका दुष्ट हठको ।
परी शङ्का भारी सबतिर विचारी डुलि डुलि
निराशामा रून्थें अघि अघचिलो ठाम नमिली ॥

५

यहाँ तिम्रो सानू घर महल वा रामझुपडी
खडा देखी राम्रो गगन-बिच खेल्दै लडिबुडी ।
पसेको हूँ बाबा ! अलि दिन बसूँला कि म भनी
प्रियाको आगामी प्रसव दिनको उत्सव गनी ॥

६

तिमी भन्छौ मेरो सकल घर यो खास यसमा
चरी घुस्यो सानू कुन चिरिबिरे रङ्गरसमा ।
म भन्छू हे बाबा ! घर महल मेरो छ नभन
पलामा घर्कैका घर उपर दौडाउ नयन ॥

७

निमेषैमा भत्की घररर गरी घर्र त्यसरी
ढली ज्यानै हर्ने घर छ डरको दीर्घ भुमरी ।
विधाताको भित्रै मधुर करूणाको रस परी
परेनौं तै हामी विकट भुमरीमा अरु सरि ॥

८

तिमी जान्ने सुन्ने मनुज चतुर, हामि बिचरा
चरा साह्रै साना अबुझ, वनका केवल किरा ।
तथापि श्रद्धाले झुकि विनति गर्छू म सरस
वृथा मेरो भन्ने जटिल ममता-ग्रन्थि नकस ।।

९

खुला पारी राम्रोसँग नयनको भित्र नयन
विचारी यो सारा गृह-विभवको चञ्चलपन ।
दयालू भै रोऊ मिलिजुलि सबै बान्धवसित
भलो होला जाऊ, रिस नगर रन्केर मसित ।।

१०

कुनै पल्टेका छन् मलिन मुख लाई रुखमनि
कुनै रुन्छन् बाटो-बिच नमिलि सानू रुख पनि ।
कुनै भोका शोकाऽऽकुल मरिरहेछन् नगरमा
हरे ! तिम्रो यस्तो कुन तुजुक यो तुच्छ घरमा ।।

११

त्यहाँ त्यो शय्यामा गर तिमि खुशीसाथ शयन
यहाँ यो डण्डीमा बसि बसि म चिम्लन्छु नयन ।
अरू सेरोफेरो सब मुफत मेरो छ नभन
अघी मेरो भन्ने कति कति गए ती सब गन ।।

१२

उतार त्यो भारी मधुर करुणा-द्वार मनको
गरी रक्षा सारा विकल बिचरा दीन जनको ।
यता विश्व-प्रेमी बन, मनुज-चोला सफल होस्
उता स्वर्गद्वार क्षणभर पनी बन्द नरहोस् ॥

१३

तिमीभन्दा लाखौँ गुन अझ धनी मानिस पनि
डुलेका छन् बाबा ! फगत भिखमङ्गा सरि बनी ।
विधाताको सारा अघट घटना सम्झ मनमा
सबै मेरो मेरो भनि नभुल यो मोह-वनमा ॥

१४

कदाचित् यो तिम्रो भवन चकनाचूर पहिले
हुँदो हो ता हुन्थ्यो कसरि किन यो भेट अहिले ।
दया राख्यो भारी सदय विधिले सङ्गत भयो
सुन्यौ मेरो सानू चिरिबिरि, सबै पाठ पढ यो ।

१५

कसै शक्तैनौ यो यदि तिमि भने घच्च सहन
मलाई द्यौ बाबा ! फगत अब यो रात रहन ।
म भोली नै जान्छू नृपतिसँग भूकम्प कहन
पखेटा छन्, सक्छू अझ त नभमा सर्र बहन ॥

१६

गरी यस्तो राम्रो चिरिबिरि चरी त्यो चुप भयो
भनें मैले भैगो तँ बसि कुरिदे गैह्र घर यो ।
पखेटा पैँचो दे, बरु म पछि आएर तिरूँला
दयाधारी राजासित सकल मै बिन्ति गरूँला ॥

✦✦

शरणाऽऽगति

१

सबै हेरी जाँची विषय-सुखको चञ्चलपना
जगत् सारा सम्झी निमिषभरको तुच्छ सपना ।
झुकी बिन्ती गर्दै रघुवर ! म लोटैँ चरणमा
अजानै हो भन्ने समझि लिनुहोला शरणमा ॥

२

दुराचारी व्याधा, अधम गणिका, भिल्ल, शबरी
सबैले पाएथे जुन मधुर कारुण्य-लहरी ।
उही पाऊँ भन्दै रघुवर ! म रुन्छू चरणमा
अजानै हो भन्ने समझि लिनुहोला शरणमा ॥

✦✦

कन्याहरूको गौरीसित अभ्यर्थना

१

जय जय गौरी ! शैलकुमारी !
    महिमा प्रभुको मङ्गलकारी ।
निशिदिन हाम्रो दिलमा भित्र
    खेलोस् भरदै भाव पवित्र ॥

२

सरल कुमारी-वय यो हाम्रो
    फुलको कलि झैं कोमल राम्रो ।
क्रमसित यो सब फक्रन पाओस्
    राप तापको आँच नआओस् ॥

३

गुण गौरवको यशको खास
    यसमा मगमग मधुर सुवास ।
जननी ! पल-पल चढ्दै जाओस्
    अपयश-बदबू घुस्न नपाओस् ॥

४

जुन विद्याले प्रभुको नाम
दुनियाँ जप्तछ आज तमाम ।
उसको अलिकति झल्को पाऊँ
जननी ! प्रभुको जय जय गाऊँ ॥

५

प्रभुको त्यै सब साहस शक्ति
त्यै सब शील र त्यै सब भक्ति ।
जननी ! हामीकन दिनुहोला
उज्ज्वल पारी नारी-चोला ॥

++

चुँडिएको चङ्गासित

१

ए चङ्गा, जा तँ जा, ढुलुमुलु नगरी सर्र अक्कासिँदै जा
स्वर्गङ्गाका मसीना जलकणहरूको माधुरी क्यै लिँदै जा ।
बाटोमा निर्जरीका चपल नजरको दिव्य तारो हुँदै जा
दायाँ बायाँ नलागी पर पर उपरै सोझिँदै सोझिँदै जा ॥

२

पर्दा छेडी हवाको अलख पथ लिई बेसरी भित्रिँदै जा
यो धागो, यो लटाई, लटपट सब यो बिर्सँदै बिर्सँदै जा ।
देखून् यद्वा नदेखून् गतिविधि अरूले, मस्त आफू हुँदै जा
जाँदाजाँदै अगम् त्यो गगन-कुहरको केन्द्रमा लीन भैजा ॥

✦✦

परिश्रान्त चातक

१

हे मेरो प्रिय ! धीर ! नीरद ! कुनै सौभाग्यले आज यो
तिम्रो शब्द सुनें अचानक अहो !! छाती रसीलो भयो ।
धेरैसम्म निरुद्ध चञ्चुपुटको ढोका खुल्यो सुस्तरी
थाल्यो घन्कन घन्न-घन्न मुटुमा आनन्दको बाँसुरी ॥

२

त्यै श्रद्धा, रसरङ्ग त्यै छ, सब त्यै उल्लास कौतूहल,
त्यै तृष्णा मनको छ, सूक्ति-रस त्यै, त्यै भावना शीतल ।
त्यै सारा छ, तथापि दुर्नियतिले राखेन त्यो जीवन
खस्क्यो शक्ति शनैः शनैः नयनमा निस्क्यो धमीलोपन ॥

३

लायो दृष्टि जता उतैतिर कठै !! को सृष्टि अस्पष्ट छ
पाऊ पक्ष दुवै विपक्षमय छन् चल्दा बडो कष्ट छ ।
खाली तर्क-वितर्कका भुमरिमा घुम्दो छ यो जीवनी
मानू अर्जुन-भेद्य यन्त्र-बिचको दुर्दर्श माछो बनी ॥

४

प्यारो ! स्निग्ध ! पयोद ! याद सब त्यो, त्यो शक्ति, उत्साह त्यो
त्यो स्फूर्ति, प्रतिभा, प्रभातमय त्यो सम्पूर्ण वेला बित्यो ।
ढल्क्यो जीवन-भानुको मधुरिमा, अर्कै छटा फैलियो
हेर्दा बाहिर यो प्रपञ्च-सुखको शोभा सबै मैलियो ॥

५

त्यो तिम्रो स्मित, मान, मोह, ममता त्यो दिव्य वाङ्माधुरी
त्यो छाया, छवि शीतलो सरसता, सौहार्दको त्यो झरी ।
सम्झन्छू मनले बडो प्रणयले त्यो सम्झँदामा पनि
बाधा हुन्छ मलाइ, धर्र सहसा धर्कन्छ यो जीवनी ॥

६

प्यारो ! मेघ तिमी सहर्ष जसरी खेल्छौ महाऽऽकाशमा
त्यै चालासित आज दैवगतिले मेरो हृदाकाशमा ।
खेलेको छ घुमी सबैतिर ठुलो वैराग्यको बादल
त्यो क्यै जान्दिनँ, झर्छ शान्ति-जल वा वर्षन्छ वर्षोपल ॥

७

भोगाऽऽशामय जो असाध्य मसिनू तीखो विषालू सियो
भित्री जीवनको अतर्क्य तहमा पैले बिझेको थियो ।
त्यै घाऊ सब रागियो, उकुच भो, व्यामोहको सैन भो
तेसैको पिरले घट्यो बल सबै, चौपट्ट बेचैन भो ॥

८

चुच्चो निर्बल भो झुक्यो शिर, गले खुट्टा पखेटा पनि
स्वाँ स्वाँ नित्य गरीरहन्छ बिचरो छाती खलाँती बनी ।
थोत्रो जीवन-रङ्गमञ्च सब भो, थोत्रो छ पर्दा पनि
थोत्रै खेल खुलीरहेछ यसमा देखिन्न क्यै रोशनी ॥

९

यो पाटी, यसमा म अन्ध बटुवा, गन्तव्य बाटो छुटी
धेरै काल रहें विपत् सब सहें, भोगें ठुलो भुट्भुटी ।
प्यारो ! मेघ ! म भन्दछू थकित भै विद्युत्प्रभाले अब
सोझो शीतल त्यै पवित्र पथको देखाइद्यौ गौरव ॥

१०

धराधर ! परिश्रान्त उही जीर्ण विहङ्गम
भन्छ आश्चर्यका साथ यो स्वप्ना हो कि वा भ्रम ?

++

संसारको स्वरूप

हाल्दै चिप्ला, मसीना शिथिल सब जरा सूक्ष्म भित्री हवामा
उम्रेको रूप-रेखा-विरहित रुखको गुप्त हाँगाबिंगामा ।
फन्का मारी हजारौं किसिमसित सबै जेलनूसम्म जेली
खेली खेली घुमेको जटिल चहकिलो धन्य आकाश-बेली ॥

++

जीवन-ज्योति

१

दिनकर घुमून् वा पृथ्वी घुमून् वा, हावा घुमोस् वा जल घुमोस्
शिशुमारनामा चक्रै घुमोस् वा विकराल अथवा कालै घुमोस् ।
जुन वस्तु हो त्यो हर्दम् घुमेको उसको घुमावट धन्य हो
जसबाट निस्क्यो झलमल्ल यस्तो यो विश्व-जीवन-बिजुली अहो !

२

फनफन घुमेको उस चक्रको सब, सञ्चालना उही जान्दछ
जसलाई हाम्रो वेद सर्व-व्यापी पिता भनी मान्दछ ।
न त आदि उसको पाइन्छ कहीं न त अन्त्य काहीं मिल्दछ
जो गर्छ खोज उसको उसैको सत्ता उसैमा मिल्दछ ॥

३

यो विश्व-जीवन-सौदामिनीको सञ्चार गर्ने घर ठुलो
हेला कहाँ त्यो ? कुन रेलिँदो हो त्यसमा अगम् गतिमा कुलो ?
यो तर्क गर्दागर्दै सबैको शिर घुम्छ त्यो चक्र सरि
घन्कन्छ आखिर व्यामोहको नै खाली गगनमा बाँसुरी ॥

४

आब्रह्म, भुसुना, तृण, वृक्षतकका प्रणीहरू खम्बा सरि
छन् भित्र मसिना तार मनका उनका कसेका बेसरी ।
सङ्कल्पको नै चर्को करेन्ट-ज्वाला निरन्तर चल्दछ
रङ्गित गुलुपको बीच वासनाको ज्योति झकाझक बल्दछ ॥

५

यो विश्व-जीवन-बिजुली निकाल्यो, त्यो विश्वकर्मा दङ्ग भो
झलमल्ल झल्क्यो यो विश्व सारा उसलाई अर्कै रङ्ग भो ।
सब झ्याल खोल्यो उस नाचघरका आफू बस्यो दर्शक बनी
लीला सुरु भो अद्भुत नटीको जम्मा भए नटुवा पनि ॥

६

मालिकनी भै गर्छे नटीले जुन जुन इशारा त्यै सब
नटुवाहरूले फिर गर्न थाले नृत्य-क्रियाको उत्सव ।
दर्शक बनेको त्यो विश्वकर्मा त्यै देखदा अलमस्त भो
देखिन्न अर्को मै एकलो छू भन्ने अत्याहट अस्त भो ॥

७

थोत्रा पुराना सामान पुर्जा प्रत्येक आफैं हेरदै
जस्तो जहाँ जो चाहिने हो त्यस्तो त्यहाँ त्यो फेरदै ।
हर्दम् तमासा हेर्ने तमासे त्यो विश्वकर्मा धन्य हो !
यो विश्व जसका भित्री नजरमा न त अन्य हो अनन्य हो ।

++

अध्यात्म-वाटिकाको सानू सुगन्धी फूल

लाई सर्र कुचो छिटो जल चिसो सम्पूर्ण ढोका थुनी
खम्बाभित्र पसी, सुटुक्क नखसी त्यो तुच्छ खम्बा पनि ।
ढालीद्यौ, घर बिर्सिद्यौ, तर तिमी आनू बिचैमा बस
जानौला अनि पो सुधामय मिठो वेदान्त-विद्या-रस ॥

++

प्रभात

१

रात पश्चिम दिशातिर भाग्यो
अन्धकार उसको पछि लाग्यो ।
लोकमा छ दिनको अब पालो
देखियो गगन केहि उज्यालो ।

२

विश्वमा न त समस्त उज्यालो
अन्धकार न त पूर्ण छ कालो ।
पुण्य-पाप-मय-जीवन-सङ्गी-
जीव झैँ जगत भो दुइरङ्गी ।।

३

चन्द्र-बिम्ब गगनाऽऽन्तर-चारी
मन्द मन्द मलिनाऽऽकृति-धारी ।
हेर अस्तगिरिका शिर पारि
देखियो दबिनलाइ तयारी ।।

४

मोति झैं चहकिला ग्रह, तारा
जो थिए तिनि लुके अब सारा ।
खालि एक दुइटा अवशिष्ट
शिष्ट झैं मधुर कान्ति-विशिष्ट ॥

५

शीतलो कमल-सौरभधारी
वेगहीन हलुका सुखकारी ।
मन्द मारुत मनोहर आयो
धन्य हो ! प्रकृतिको महिमा यो ॥

६

दूरसम्म सुनिने कुखुराको
उच्च दीर्घतर सुन्दर डाको ।
घन्न कर्णपुटमा घनकन्छ
जोसुकै पनि बलाद् बिउँझन्छ ॥

७

रागपूर्ण सुख पूर्व दिशाको
देखियो चहकदार मजाको ।
साऽऽनुराग उसका छन वश्य
काखमा तरुण भानु अवश्य ॥

८

लाल पङ्कज फुल्यो ढकमक्क
खुम्चियो कुमुदचाहिं टपक्क ।
लोकमा उदय वा सुख चैन
एकनास कहिल्यै रहँदैन ॥

९

गोप-वर्ण दधिमन्थन-कारी
नेति पक्रिकन पाउ पसारी ।
मान्थदण्डकन तान्दछ भारी-
शब्दले जलदको भ्रम पारी ॥

१०

काखिमा जल लिन घटधारी
मन्द मन्द गरदै गफ भारी ।
पानि-घाटतिर जान तयारी
देखिए सरस नागर नारी ॥

११

भस्म, दर्भ, तिल, जौ, फुल-पाती
पात्र, चर्म, सब ली बहुभाँति ।
ब्राह्मणाऽदिक बसे दृढचित्त
घाटमा नियत-कृत्य-निमित्त ॥

१२

पोलने विकट भानु हराए
        शान्त शीतकर बल्ल उदाए ।
भन्दछे मनमनै स्मृतिहीना
        चक्रवाक-वनिता अति-दीना ॥

१३

[१]निष्प्रपञ्च प्रलयाऽऽकृति-धारी
        नीदको जटिल जाल उघारी ।
फेरि कर्मपथमा दुनियाँले
        सुस्त सुस्त पद राखन थाले ॥

++

---

१. यो कविता क्रियामा हलन्त नगर्ने नियम भएको वेलामा नेपाली क्लासमा पढ्ने बालकहरूका निमित्त लेखिएको हो । -लेखक

सत्य-सन्देश

जस्तो मानी धनीका नगिच हरघडी टप्प जोडेर हात
    छाती खोलेर गर्छौं हृदय बुझी सदा नम्रता-साथ बात ।
दु:खीका साथ उस्तै विनयसित सदा मर्म सम्झेर बोल
    गर्नै पर्दैन फेरि व्रत, जप, तपले स्वर्गको मोलतोल ॥

✦✦

पिंजराको सुगा

१

बालक बबुरो द्विज शुकनामा
हूँ, म परेको छू पिंजरामा ।
मकन हरे ! शिव ! शान्ति र चैन
सपनाबिच पनि रतिभर छैन ।

२

मेरा बान्धव बाबु र आमा
बस्छन् वनका एक कुनामा ।
कोसित पोखूँ मनको ताप
गरदै पिंजराबाट विलाप ॥

३

आँसु बगाई कहिले रुन्छु
कहिले मुर्दा-तुल्य म हुन्छु ।
कहिले पागल सरि उफ्रन्छु
केवल वनका सुख सम्झन्छु ॥

४

फलफुल खाई नित्य रमाई
　　वनमा फिरने बिचरालाई ।
विधिले पाऱ्यो पिंजरा-भित्र
　　कर्म हरे ! शिव ! हुन्छ विचित्र ॥

५

कति फिरदो हूँ कति उड्दो हूँ
　　कति कति देशान्तर डुल्दो हूँ ।
दैव ! हरे ! किन बालकलाई
　　बन्धन पाऱ्यौ व्यर्थ भुलाई ॥

६

शीतल पानी कुञ्ज-निवास
　　भोजन मीठो फलको खास ।
त्यो सब हुनगो आज विनाश
　　बाँकि छ एकै मनको त्रास ॥

७

हरियो वनको शीतल छाया
　　बान्धवसँगको मोह र माया ।
डुलनू फिरनू फलफुल खाई
　　सपनामय भो हाय ! मलाई ।

८

वृद्ध महातुर बाबा जननी
आँसु खसाली दीन बनी ।
नित्य रूँदा हुन् हाय !! विधाता !
तोडिदियौ किन त्यो दृढनाता ?

९

वरिपरि वैरीहरु छन् सारा
छैन कतैतिर कोहि सहारा ।
के गरुँ ! कसरी उम्की-जाऊँ ?
कोसित मनको दर्द बिसाऊँ ?

१०

यो सब गगनैभरमा खास
जसका हुन्थे भोग-विलास ।
उसको अब हा !! जीवन-पात्र
केवल सानू पिंजरा मात्र ॥

११

पिंजरा फोरूँ भनिकन चुच्चो
बलसँग धसदा भो सब बुच्चो ।
बेसरि कुँजिए पक्ष र पाउ
कसरी अब हा !! काल बिताऊँ ॥

१२

कहिले ठण्डी कहिले धूप
    कहिले बकबक, कहिले चूप ।
बालकहरुको मनअनुसार
    हुन्छ निरन्तर भाग्य-विचार ॥

१३

भाग्य-तमासा जब सम्झन्छु
    अनि पछि सिल्ली-तुल्य म हुन्छु ।
आँसु बहन्छन् छाति चिरिन्छ
    चित्त निरन्तर रोइरहन्छ ॥

१४

उठ्दछ मनमा घोर तरङ्ग
    सबतिर हेरी हुन्छु भरङ्ग ।
प्राण नजाने काल नआई
    के गरि कसरी बाँचूँ हाइ !!

१५

खानु छ खाली तौली धान
    त्यो पनि आधा पेट छ जान ।
हेर्दछु भाँडो पानी छैन
    भोगिरहेछु यस्तै चैन ॥

१६

शुष्क छ घाँटी, बन्धन चर्को
बोलनुपरने झर्को अर्को ।
बोली नबोलूँ लट्ठि उजाई
हुन्छ तयारी पीटनलाई ॥

१७

यौटा भन्दछ यो हो पाजी
अर्को भन्दछ यो छ बिराजी ।
भन्दछ तेस्रो आत्माराम !
पढो पढो जी, राखो नाम !॥

१८

यो कस्तो हो ? कसरी आयो ?
बसिकन पिंजराबिच के खायो !
यो सब बुझने कोही छैन
हाय !! यसैले मन रहँदैन ॥

१९

जीवन अर्पी बन्धन-भित्र
बोलनुपर्ने बोलि विचित्र ।
तैपनि चारा आधा मात्र
दैव ! रहेछौ करुणा-पात्र ॥

२०

दैव ! दिएथ्यौ तिमिले एक
बोलन सक्ने शक्ति विवेक ।
पाइरहेँछू तेसै-द्वारा
बन्धन, गाली, धम्की सारा ॥

२१

मकन दिलाई सङ्कट जेल
मानिस गरने कौतुक खेल ।
यो कस्तो हो पापाऽऽचार !!
दीन-दयालु ! लाऊ पार ॥

२२

गुणको वैरी मानुष-जाति
शुष्क गराई गुणिको छाती ।
प्राण-पखेरू नलिए-सम्म
खुश किन हुन्थ्यो, हाय ! अचम्म ॥

२३

पृथ्वीतलमा यौटासम्म
मानिस बाँकी रहँदा-सम्म ।
नाथ ! सुगाको जन्म नहोस
बल्ल मलाई आयो होस ॥[१]

✦✦

---

१. यो कविता नेपाली तेस्रो किताबमा छापिएको हो । -लेखक

सत्य-सन्देश

मत्ता हात्ती हलुङ्गो, विकत जलधिको ह्वेल माछो हलुङ्गो
जङ्गी बेडा हलुङ्गो, विकट कटकटे रेलगाडी हलुङ्गो ।
शैलश्रेणी हलुङ्गो, पृथुतम पृथिवी-गोल सारा हलुङ्गो
यो ब्रह्माण्डै हलुङ्गो, जब सब मनको तिर्सना लाग्छ टुङ्गो ॥

++

चाखुराको प्रेमोल्लास

१

देखी निस्तन्द्र खासा चमचम गरने चन्द्रिकाको तरङ्ग
साना साना मिलेका अतिशय मसिना पक्ष पारी जुरुङ्ग ।
गर्दै उल्लास-चेष्टा चटुलतर चुचो चट्‌ट खोली चकोर
बिस्तारै भन्न थाल्यो पल-पल मनको तानिंदा प्रेम-डोर ।

२

हे मेरी प्राणप्यारी ! अधिक चहकिली ! चन्द्रिके ! रामछाया
देखाई मोह पाऱ्यौ हृदय-बिच बढ्यो जम्जमाएर माया ।
यो मायाको ठिगाना कसरि अब कहाँ लाउने हो बताऊ ?
तेसै आकाशमाथी चमचम यसरी चित्त चोरी नजाऊ ॥

३

आऊँ सोझै समाऊँ, अधिक पर तिमी, आउने शक्ति छैन
जाऊँ, नाता टुटाऊँ, चमचम गरने माधुरी बिर्सिंदैन ।
के गर्ने ? प्राणप्यारी ! फनफन घुमदै पर्न थालें म छक्क
आफैं आई दिलाऊ मधुर रस-झरी नागरी झैं थपक्क ॥

४

तिम्रो त्यो मुख्य वासस्थल शिर शिवको पर्छ अत्यन्त टाढा
गर्छ्यौ टाढै भए तापनि तिमि रसको माधुरी-वृष्टि गाढा ।
खेली ठाडै सुरेली प्रणयमय यही तार एकै समाती
सोझै आएर माथी अमर पद पनी पाउँदो हो कि ? छाती ॥

५

टाढादेखिन् खसेका विरल किरणको मन्द आभास मात्र
आँखाले पान गर्दा यसरि मन हरे ! हर्षको बन्छ पात्र ।
साँच्चैकी मूर्तिधारी तिमिकन म यहाँ पाउँदो हूँ त प्यारी !
भर्थें लाखौं भकारी छिन छिन सुखका भूतलै स्वर्ग पारी ॥

६

अम्बा जम्बै बिकम्बा अरुचि छ लिचिमा, पाप झैं आँप लाग्यो
फोस्रो मिश्री, मिठाई मह दह बहको, दाखको चाख भाग्यो ।
तिम्रो त्यो कान्तिधार फगत टुलुटुलू हेरदामा मलाई
संसारै प्राणप्यारी ! सकल हुन गएको छ खाली मलाई ॥

७

एक्कासी 'प्राणप्यारी' भनिकन यसरी जङ्गली जीव सानू
मेरो सौन्दर्यमाथी छिनछिन किन यो लीन भैजान्छ मानू ।
भन्ने आश्चर्य केही दिलबिच चढला, त्यो तिमी दूर फाल
ब्रह्माकै सृष्टिदेखिन् तिमिसित गरदो छू सधैं अङ्कमाल ॥

८

ज्यादा भो प्रेम-वार्ता, फगत अब यहाँ गर्दछू एक बिन्ती
    बिन्तीको प्राणप्यारी ! अलिकति तिमिले राखनूपर्छ गिन्ती ।
प्रेमी हूँ प्रेम गर्छू तिमिसित म सदा यो कुरा सत्य जाने
    कैलेकाहीं म केही अलिक पर भएमा मरेको नठाने ॥

++

अल्छीको सातसुरे उद्योग-वीणा

१

आँखा भन्दछ अप्सरा सब नचा, सौन्दर्य-सीमा जँचा
आज्ञा गर्दछ कान गान उसमा गन्धर्वको नै मचा ।
श्रीखण्डद्रव कस्तुरी अतरमा सन्कन्छ यो नासिका
छाला भन्छ नयाँ नयाँ मखमली शय्या सजीला झिका ॥

२

जिभ्रो खायस गर्छ पायस, लिची, अङ्गुर मिश्री मह
लाल्ची चित्त कहन्छ हुन्छ, सबको चाहिन्छ चाक्लो दह ।
आत्मा भन्छ सबै बुझी शरणले वैराग्यको योगको
अल्छी छू, म कसो गरूँ ? सुर कुनै मिल्दैन उद्योगको ॥

++

मनोलड्डु

१

चन्द्रचूड ! जगदीश ! महेश !
दीननाथ ! शिव ! संयमिभेष !
दण्डवत्‌कन गरी निहुरेर
गर्दछू म विनति प्रभुनेर ॥

२

लोभलाई अगुवा लिइ साथी
यो अगाध भव-सागर-माथि ।
दौडँदा बहुत जन्म बिताएँ
बल्ल आज भगवान् ! सुर पाएँ ॥

३

छुट्‌ट हूँ म अब ता जनदेखि
नासियोस अघिदेखि सब शेखी ।
चित्तवृत्ति प्रभुमा ठहरोस
लोभरूपि सँगि दूर सरोस ॥

४

वासना-विषयको सब तोडी
पुत्र मित्र वनिताहरू छोडी ।
कोहि वृक्षमनि जङ्गलभित्र
एकलै बसि गरूँ म चरित्र ॥

५

माथमा पनि जटाकन धारी
भस्मले सकल देह सिँगारी ।
ईश-तुल्य भइ काटुँ म काल
कोहि मानिस नपाउन चाल ॥

६

राखि आसनविषे मृगछाला
कण्ठ-बीच पहिरी शिव-माला ।
बाँधि इन्द्रिय समाधि लगाऊँ
योगिराज-पदवी म कमाऊँ ॥

७

एक मात्र कसि कौपिन खालि
कन्दमूल फलले जिउ पाली ।
धैर्यसाथ दिनरात बिताऊँ
द्वैतभाव मनले नचिताऊँ ॥

८

योगरीति जति बाँकि नराखी
एक एक गरि बेसरि चाखी ।
सार सार समझी अरु कन्था
फालि एक पकडूँ शिव-पन्था ॥

९

वासनाऽऽदि जति हो हठयोग
तेसले गरि हरी सब रोग ।
राजयोगतिर बुद्धि लगाऊँ
द्वैतभाव मनबाट भगाऊँ ॥

१०

ध्यान, पूजन, जपाऽऽदि विशाल
हो मनोरचित संसृति-जाल ।
बुद्धिबाट सब त्यो पर सारूँ
ज्ञानले गरि मनैकन मारूँ ॥

११

पाञ्चभौतिक जती सब धोका
जानि बन्द गरि इन्द्रिय-ढोका ।
निष्प्रपञ्च चिजमा मन हालूँ
ऐक्य-वह्नि फुकि साफ पगालूँ ॥

१२

श्वास-वायुकन बेसरि खारी
देह निश्चल मुढो सरि पारी ।
ब्रह्मरन्ध्र-बिच जीव चलाऊँ
योगशक्ति दिनरात बढाऊँ ॥

१३

क्यै नली विधि, निषेध, विकल्प
चित्त लीन गरि कैय्यन कल्प ।
निर्विकल्प परिपूर्ण असीम
चित्स्वरूप भइ दीप्त रहूँ म ।

१४

राश लागि धमिरा धुरिंदामा
उम्रि वृक्ष, लहराहरु लामा ।
देह पर्वत-समान बनोस
कोहि गै तर तहाँ नखनोस ॥

१५

सारि सारि छुरि छम्छम पारी
नाचदै गिडिगिडिकन मारी ।
अप्सराहरु भुलाउनलाई
आउँदा म नभुलूँ लहसाई ॥

१६

अष्ट सिद्धि पनि खालि कमारी
तुल्य जानि मनले पर सारी ।
आदिशक्तितक थर्थर पारूँ
कालको पनि घमण्ड उतारूँ ।

१७

इन्द्र, विष्णु, विधि आइ मलाई
बाबु ! ल्यौ वर भनेर फुल्याई ।
भ्रष्ट पारन कसै नसकून
कष्टसाथ ति पनी फरकून ॥

१८

दिव्य जोति शिरबाट उतारी
ब्रह्मगोल सब उज्ज्वल पारी ।
चन्द्र, सूर्य पनि मन्द गराऊँ
कोहिदेखि म कतै नडराऊँ ॥

१९

देव, सिद्धि, मुनि, किन्नर, तारा,
नाग, दैत्य फिर राक्षस सारा ।
ब्रह्म, विष्णुतक छक्क परून
थर्कमान भइ दूर सरून ॥

२०

आफुलाइ अलगै सबदेखि
फेरि आफुमय यो सब देखी ।
आफु मात्र परुँ साफ म दङ्
धन्य !! आफु-कृत आफनु रङ्ग ॥

२१

सानू यौटा मनोलड्डु लेखनाथ अनाथको
लिनुहोला कृपासाथ गहना पारि हातको ।[१]

++

१. यो कविता चौसट्ठी सालमा लेखिएको र ६९ सालमा निर्णयसार प्रेस बम्बईमा छापिएको हो, उनताकको क्रियामा पनि खुट्टो नकाट्ने नियमको यसमा पूर्णतया पालना छ । -लेखक

आश्चर्य

१

त्यो देहेन्द्रियको महाशिथिलता, त्यो शक्तिको शून्यता
त्यो सारा उपचारको विफलता, त्यो बन्धुको व्यग्रता ।
त्यो नैराश्य-पयोदको मलिनता, त्यो कान्तिको क्षीणता,
त्यो दुःखी परिवारको विकलता, त्यो वैद्यको शीघ्रता ॥

२

त्यो गङ्गा-तटको बडो विकटता, त्यो दीर्घनिःश्वासता
त्यो लम्बा पथको प्रयाण-कटुता, त्यो दृष्टि-दुर्वर्णता ।
त्यो व्यामोह-विमुग्धता हृदयको त्यो दीप-निर्वाणता
प्रत्यक्षै छ तथापि तुच्छ मनमा यत्रो अहंमन्यता !!!

++

कुचो

साना झुप्रा, मझौला घर, महल ठुला गैह्र झारी बढारी
राम्रो पारी, निखारी फुहर सब, कुचो गर्छ कल्याण भारी ।
कैलेकाहीं अकस्मात् विगलित बिचरा झल्कने रत्नसम्म
त्यो फालीदिन्छ तेही फुहर-बिच मिसी यै छ यौटा अचम्म ॥

++

सन्ध्या

१

विस्तीर्ण कर्मपथका सब जीवलाई
विश्रान्तिको प्रबल उत्सुकता दिलाई ।
अस्ताद्रिका शिखरमाथि पुगे दिनेश
पल्ट्यो सबै प्रकृतिको महिमा विशेष ॥

२

विस्तारसाथ दिन दीन भएर आयो
पूर्ण प्रभापटल-सार सबै हरायो ।
झल्कीरहेछ सब पश्चिमतर्फ खालि
आश्चर्यको भवन-तुल्य अपूर्व लाली ॥

३

जस्तो थियो उदयमा रविको प्रकाश
उस्तै छ रक्त अहिले पनि एकनास ।
देखेर यो हृदयले अभिमानलाई
तत्काल गर्छ अनुशासन जानलाई ॥

४

खैँची प्रताप-परिपूर्ण कर-प्रसार
छोडी सबै गगनमण्डलको विहार ।
श्रीसूर्यले मलिन भाव लिएर जानु
स्पष्टै कहन्छ कुन वस्तु छ साथ लानु ॥

५

मेरो पऱ्यो दिनभरी सबमा प्रताप
भन्ने यही हृदयभित्र चढेर ताप ।
पोल्दा कठै !! सकल चित्त जलेर चित्र
लागे कि ? रक्त रवि डूबन सिन्धुभित्र ॥

६

हे उच्च ! धीर ! तुहिनाऽचल ! लौन तान
डूबैं यसै जलधिमा म झिजो नमान ।
भन्दै विपन्न रविले करले अँगालो-
हाले कि ? हेर अझ शैल छ त्यो उज्यालो ॥

७

हावा-समान रथमा छन सात घोडा
आफू सहस्रकर मित्र बडा अजोडा ।
धिक्कार दैवगति !! तैपनि हाय ! हाय !!
सोझै गिरे जलधिमा रवि निःसहाय ॥

८

यद् वा सराग रवि रक्त यही पियारी
सन्ध्या-वधूकन लिई चरमाद्रिऽपारि ।
लागे विहारकन गर्न अनेक भाँति
पारी यतातिर तमोमय दीर्घ राती ॥

९

रात्री सधैँ परपरै, बुढिया दिनश्री
के गर्दथे रवि तहाँ वसुको इतिश्री ।
सन्ध्यासँगै भुलिरहेछन ती अवश्य
फैलाइ रङ्गरसको गहिरो रहस्य ॥

१०

त्यै रङ्ग-रञ्जित पयोधर-खण्ड खास
झल्कीरहेछ मनमोहन एकनास ।
मानू स्वयम् प्रकृति-निर्मित दिव्य नौला
सोपान झैँ सुरपुरी-पथको सुनौला ॥

११

सिन्दूर झैँ चहकिलो परि त्यो प्रकाश
अस्ताद्रिका उपरको गगनाऽवकाश ।
सन्ध्यामयी रमणिको रमणीय भारी
सारी-समान झलकन्छ सफा तयारी ॥

१२

सन्ध्या-वधू क्षणिक त्यो उसमाथि ज्यादा
फैलाइ राग रवि अस्त भएर जाँदा ।
सोझी सती कमलिनी हुन गै भरङ्ग
मालिन्यको छ उसमा चढदो तरङ्ग ।।

१३

कालो कडा भ्रमर-रूप घुसेर आँधी
हल्लाउँदा हृदय खिन्न भएर ज्यादी ।
सङ्कोच-साथ करुण स्वर त्यो निकाली
हूँ हूँ गरी कमलिनी रुन थालिहाली ।।

१४

यस्ती यता कमलिनी यतिसम्म दिक्क
हाँसी उता सरस कैरविणी मुसुक्क ।
एकै तडाग-बिच ऊलटफेर यस्तो
देख्यौ कि ? दैवगतिको महिमा छ कस्तो ।।

१५

देखेर यो प्रकृतिको गहिरो झुकाव
पैदा हुँदा विविध कौतुकपूर्ण भाव ।
पक्षीहरू तरुविषे बसि ठाउँ ठाउँ
लाखौं थरी गरिरहेछन च्याउँच्याउँ ।।

१६

यद् वा सरासर गए ति पतङ्ग बन्धु
हाम्रो अहो ! कसरि तर्छन घोर सिन्धु !
भन्ने यही बहस-खातिर बेर बेर
थाल्यो कि ? बोलन विहङ्गम-वर्ग हेर ॥

१७

गोपाल-बाल सरलाऽऽशय केलिरागी
गोल्याइ गाइ बटुलेर पछाडि लागि ।
आए सहर्ष घरमा सब हाँसखेल
गर्दै बडो प्रणयपूर्वक राखि मेल ॥

१८

बाँ बाँ गरी पुछर केहि खडा गराई
उफ्री प्रमोद-वश खूब धुलो उडाई ।
चिल्ला महामधुर कोह्वलि गाइ हेर
उफ्रीरहेछन खुशीसित गोठ-नेर ॥

१९

लैना ठुला पृथुलदोहन-भार गाई
ढल्की ढलक्क परबाट चरेर आई ।
खोजी कराइकन बालक वत्सलाई
लागे सबै दुध पिलाउन हत्पताई ॥

२०

बाच्छो यता अधिक तान्दछ दुग्धपूर
गोपाल गर्दछ उतातिर धारधूर ।
गाई तथापि अति निश्चल शान्तिपात्र
चाटीरहन्छिन खुशीसित वत्स मात्र ॥

२१

यस्तो थियो, यति गऱ्यौं, अब यो गरे त
सप्रन्छ यो समयको यतिसम्म खेत ।
भन्दै किसानगण त्यो गरदै हिसाब
फर्क्यो सहर्ष घरमा सरल-स्वभाव ॥

२२

श्रीखण्डशीतल ! मनोहर ! बाबु ! प्यारा !
आऊ भनी प्रणयले गरदै इशारा ।
कोही किसान-गृहिणी घरमा पुगेर
लागे अपत्यमुख चुम्बन गर्न हेर ॥

२३

आमा ! भनी छिनछिनै घरबाट ज्यादा
बोलाउँदा तनयले जिउ पारि आधा ।
भन्छे कुनै अलि परै पथबाट प्यारा !
आईपुगें नगर धेर तिमी पुकारा ॥

२४

त्यो बाल-वाक्य अति खायसको निवास
त्यो प्रेमपूर्ण जननी-वचन-प्रकाश ।
मानू सुधाजलधिका दुइटा तरङ्
एकै बने पलकमा लिइ दिव्य रङ् ।

२५

बिच्छ्याइ चर्म, कुश, कम्बल भस्म धारी
मारी पलेटि हृदयाऽम्बुज शुद्ध पारी ।
सन्ध्याऽभिवन्दन-परायण विप्र-वर्ग
सम्झाइदिन्छ मुनिमण्डित आदि सर्ग ॥

२६

टाढा दिनेश, उनको परिंदैन फेला
शीतांऽशुको उदयलाई हुँदै छ वेला ।
मौका मिल्यो असल यो अब जुन्किरीको
सेखी सखाब गरने कुन ? माधुरीको ॥

२७

ताराहरू पिलिपिली दुइ-चार मात्र
सत्पात्र-तुल्य कलिका, कृश दैन्यपात्र ।
निस्के, परन्तु तिनको रति छैन भाउ
हेरी लिंदा फगत जुन्किरिकै छ दाउ ॥

२८

सामाज्य भो गगनमा अब खास मेरो
भन्ने लिएर मनमा छिचरो चमेरो ।
नाचीरहेछ बलमाफिक वेग मारी
छाता सरी अजिन-पक्ष दुवै फिँजारी ॥

२९

नासो-समान रविको परिताप-माला
सल्केर कोकवनितामनलाइ हाला ।
पारीदियो अब कतातिर जाँ ? भनेर
रुन्छे बिचेत बिचरी निजनाथ-नेर ॥

३०

पक्षी ठुलो हुचिल-नामक त्यो प्रसन्न
घन्काइ घोर पहराहरु घन्न-घन्न ।
पैशाचिक प्रबल ढोल-समान बोली
बोलीरहेछ भयभावन कण्ठ खोली ॥

३१

बासा बसे सकल, शून्य भनी मुलूक
को रोकने अब मलाइ भनी उलूक ।
फुर्ती झिकेर डरका घर-तुल्य आँखा
थाल्यो घुमाउन बनी बहुतै चनाखा ॥

३२

ठाडो गरी शिर शिखाबलको बथान
गर्दै सकौतुक सबैतिर दृष्टि-दान ।
खोजी गरूँ मिहिरमण्डलको भनेर
लाग्यो कि ? हेरन ठुलो रुखमा चढेर ॥

३३

पारी सबै गगनमण्डल नाट्यशाला
नक्षत्र-हार पहिरीकन रात्रि-बाला ।
आँटी अवश्य अब खेलन केहि काल
पर्दा गिऱ्यो तिरमिरे छविको विशाल ॥

३४

एकै थिए अघि अनन्त सबै पदार्थ
झल्काउने रवि महाकवि झैं यथार्थ ।
बत्तीहरू घरघरै अब सोहि काम
गर्छौं भनी जलिरहेछन धूमधाम ।[१]

++

---

१. यो कविता १९८० सालमा नेपाली चौथो पुस्तकमा छाप्नलाई लेखिएको हो । -लेखक

पूर्व-स्मृति

१

त्यो शुद्ध श्रौतशिक्षा-क्रम गुरुकुलको, त्यो विचार-प्रणाली
त्यो श्रद्धा, त्यो तपस्या-प्रणय, शमदमाऽभ्यास त्यो धैर्यशाली ।
त्यो दैवी शान्ति शोभा-सहित चहकिलो सत्य, सन्तोष, निष्ठा
त्यो अध्यात्म-प्रभाले चमचम गरदो विश्वपूजा प्रतिष्ठा ॥

२

त्यो लाखौं उच्च विद्या-विषयक पटुता, दृष्टि त्यो पारदर्शी
त्यो दिव्याऽऽदर्श हाम्रो, अनुपम जुग त्यो, विश्वकल्याणवर्षी ।
त्यो सत्कर्म-व्यवस्था घरघर सबको, त्यो सफा शान्ति-धारा
त्यो सारा लागिहाल्यो समय-जलधिको पट्ट पल्लो किनारा ॥

++

मनः परिवर्तन

(सत्य घटना)

(आफूले एक दिनअघि छातीमा गोली हानेर मारेकी पन्ध्र वर्षकी सेवताल-बालिकाको पाउ पक्रेर कप्तान मनरो साहेब भन्दछन्-)

१

अयि ! सुन्दरि मत्तकाशिनी !
तिमीलाइ पशु-तुल्य नै गनी ।
अघिबाट कुकर्म जो भयो
अब त्यै हा ! मुटुको फियो भयो ॥

२

अति निन्दित नीच जङ्गली
अछुती नै समझी घमण्ड ली ।
किन हेरिनहूँ कठैबरी
मुख तिम्रो शिव ! हाय ! त्यो घरी ॥

३

तमले सब छोपदा मन
	अभिमानी म जयन्ति ! त्यो दिन ।
जुन राक्षसभावमा थिएँ
	उसलाई अब बिर्संदै गएँ ॥

४

अधिको न विरोध क्यै थियो
	न त तिम्रो अपराध नै थियो ।
कसरी म बनें अकारण ?
	नलिनीमा मदमत्त वारण ॥

५

यस घोर कुकर्मले गरी
	म कुकर्मी कुन नर्कमा परी ।
कुहुने कसरी ? कहाँतक ?
	टरनेछैन अवश्य पातक ॥

६

कलिली अबला कठै ! तिमी
	वनमा आफुखुशी घुमी घुमी ।
रहने बिचरी चरी-सरि
	म शिकारी शठ पाप-पोखरी ॥

७

भुलमा अपराध त्यो गरेँ
तर आई फिर पाउमा परेँ ।
खलको भुलमा क्षमा गर
तिमि छैनौ म-समान निठ्ठुर ॥

८

तिमिले नगरे ममा क्षमा
म अभागी सबका समक्षमा ।
जिउँदै उस नर्कमा गएँ
जसमा देवि ! नजन्मँदै थिएँ ॥

९

जगदीश्वरका अघिल्तिर
तिमि हामी सब छौँ बराबर ।
नबुझी तर यो सहोदर-
भगिनी-घात गरेँ सरासर ॥

१०

जुन घातक हात हुन् उनै
अब तिम्रा पदमा शनैः शनैः ।
प्रणिपात गरी क्षमा लिन
अघि सारेँ भयभीत भैकन ॥

११

सुनको प्रतिमा-समानकी
तिमि देवी उस आसमानकी ।
म कठै ! शठ नर्कको किरो
अझ पारैं उसलाई साँघुरो ॥

१२

तिमी कोमल वन्य वल्लरी
अथवा नूतन चूत-मञ्जरी ।
सुकुमारि ! म नीच पागल
बनिहालैं तिमिमा दवाऽनल ॥

१३

करुणामयि ! रङ्क जातिको
जुन हो गर्व गुमान छातिको ।
अब त्यो सब गैगयो गली
पहिलो व्याकुल भावको चली ॥

१४

म डुबैं, विकराल शोकमा
पुगिहाल्यौ तिमि देवलोकमा ।
उहिंबाट दयाऽवलोकन
गर हे देवि ! दयावती बन ॥

१५

गइथ्यौ जुन गोलिले तिमी
उहि फर्की दिलमा घुस्यो घुमी ।
गर देवि ! दयावती ? दया
दिल मेरो छ सबै छिया-छिया ॥

१६

तिमिलाई म खास मारने
तिमि ढोका दिलको उघारने ।
मुटुमा बजदो छ बेसुरा
कुन यो राग अहो !! पुरा-पुरा ॥

१७

पहिले जुन गोलि बन्दुक
लिइ फिर्थें म बनी समुत्सुक ।
अब त्यो सब हा ! हलाहल
विष सम्झी दिल रुन्छ आकुल ॥

१८

पदमा म झुकैं नकच्चरो-
अपराधी, दिलमा हुँदा खरो ।
करुणा गर क्यै नल्यौ चुरो
भन देवी ! (मनरो ! न रो, नरो)॥[१]

++

१. यो कविता पैले ६४ सालमा अनुवादित जयन्ती नामक ऐतिहासिक उपन्यासमा लेखिएको छ । -लेखक

वंशीधरको दिव्य वंशी

१

सारा भौतिकवृन्दरूप जड यो विस्तीर्ण वृन्दावन
घन्काएर घनक्क, भित्र उसमा भर्दै नयाँ जीवन ।
हे वंशीधर ! विश्वमोहन ! परा वाक्रूपिणी बाँसुरी
फुक्छौ नित्य नयाँ नयाँ सुर झिकी व्यामोह-वर्षा गरी ॥

२

त्यो चर्को सुरबाट जागृत बनी तिम्रै गरी खोजनी
घुम्न रासविलासको रहरमा धीवृत्ति छन् गोपिनी ।
साथै छौ, तर लुक्नमा चतुर छौ, हाँसीरहन्छौ लुकी
त्यै तिम्रो रस-रङ्गमा छ रसिलो यो सृष्टिको चक्चकी ॥

+++

www.ingramcontent.com/pod-product-compliance
Lightning Source LLC
LaVergne TN
LVHW091324150826
845673LV00006B/1760

* 9 7 8 9 9 3 7 9 7 2 8 4 0 *